Orar 15 dias com
Frederico Ozanam

CHRISTIAN VERHEYDE

Orar 15 dias com
FREDERICO OZANAM

EDITORA
SANTUÁRIO

Direção editorial:
Pe. Fábio Evaristo Resende Silva, C.Ss.R.

Copidesque:
Ana Lúcia de Castro Leite

Coordenação editorial:
Ana Lúcia de Castro Leite

Revisão:
Cristina Nunes

Tradução:
Tarcísio Lemos Ribeiro

Diagramação e Capa:
Junior dos Santos

Título original: *Prier 15 jours avec Frédéric Ozanam*
© Nouvelle Cité, 2011
Domaine d'Arny
91680 Bruyères-le-Châtel
ISBN 9782853136464

Dados Internacionais de Catalogação na Publicação (CIP)
(Câmara Brasileira do Livro, SP, Brasil)

Verheyde, Christian
    Orar 15 dias com Frederico Ozanam / Christian Verheyde [tradução Tarcísio Lemos Ribeiro]. – Aparecida, SP: Editora Santuário, 2015. (Coleção Orar 15 dias, 29)

    Título original: *Prier 15 jours avec Frédéric Ozanam.*
    ISBN 978-85-369-0374-3

    1. Espiritualidade 2. Orações 3. Ozanam, Frédéric, 1813-1853 – Ensinamentos I. Título.

15-03691   CDD-242.2

Índices para catálogo sistemático:
1. Orações: Vida cristã: Cristianismo
242.2

2ª impressão

Todos os direitos reservados à **EDITORA SANTUÁRIO** – 2018

Rua Pe. Claro Monteiro, 342 – 12570-000 – Aparecida-SP
Tel.: 12 3104-2000 – Televendas: 0800 - 16 00 04
www.editorasantuario.com.br
vendas@editorasantuario.com.br

A Bruno Dardelet, presidente da Sociedade São Vicente de Paulo, que me sugeriu a ideia deste livro, a quem agradeço sinceramente.

A Genoveva, minha esposa, que corrigiu os textos "com suas mãos mais delicadas do que a minha" e que é uma inspiradora silenciosa, modesta e indispensável.

A Frederico Vanpouille, jovem vicentino responsável, dinâmico, militante sincero.

*É preciso deixar agir a Providência, mas
sempre lhe dando uma mão.*

Frederico Ozanam

PREFÁCIO

Ao entrar na Sociedade São Vicente de Paulo em 1995, eu conhecia pouco Frederico Ozanam, seu fundador, nascido em 1813 e falecido em 1853. Quis aprofundar meu conhecimento desse homem de fé, manifestada pela caridade. Suas 1.448 cartas conservadas, endereçadas a seus amigos ou a sua família, e algumas obras citadas na bibliografia me ajudaram. Quero compartilhar com vocês minha descoberta.

Seus pais, muito crentes, marcados pela leitura assídua das Escrituras e engajados na vida social, tiveram catorze filhos (dez morreram muito cedo); eles orientaram sua infância e juventude (*primeiro dia*).

A adolescência foi difícil, cheia de questionamentos e dúvidas, que eram dissipadas pelos bons conselhos de seu professor o Abade Noirot (*segundo dia*).

Seu grande amor, Amélia, o acompanhou até seu retorno ao Pai; dela dirá Jean-Jacques

Ampère: "Aquela mão, que Ozanam disse ser mais delicada do que a sua, é a mão que se tornou bastante forte para lhe oferecer a última dose e lhe dar o último abraço" (*terceiro dia*).

A vinda de um filho será sua grande alegria (*quarto dia*).

Os amigos são muito importantes para ele. Tanto em Lyon quanto em Paris ele adora a companhia deles (*quinto dia*).

Frederico tem uma participação ativa na fundação, em 1833, da primeira Conferência de caridade, reunindo alguns estudantes que desejavam aumentar seu amor pelo Senhor, pondo-se ao serviço dos pobres. Eles aspiram a um mundo mais justo, mais generoso (*sexto dia*).

Suas cartas nos facultam conhecer sua vida, sua fé, sua determinação em conciliar ciência e religião (*sétimo dia*).

Contudo, a implantação dessa nova forma de ação não foi uma coisa fácil. Numerosos ataques, tanto internos quanto externos, obscureceram esses anos. Sua *pequena obra* irá se tornar uma das mais importantes associações do mundo. Presente nos cinco continentes, ela se mantém fiel aos seus eixos essenciais: a visita domiciliar e a oração (*oitavo dia*).

Ele é obcecado por uma questão: o enorme fosso entre aqueles que têm muito, até demais, e aqueles que não têm nada. Para ele, *"uma luta é inevitável"*. Empenha-se para que os cristãos se tornem mediadores entre as duas alas inimigas (*nono dia*).

Evocando, junto aos jovens de boa família, a questão da miséria, ele desperta a consciência dos cristãos para o engajamento no serviço dos pobres por amor a Deus (*décimo dia*).

Um discurso endereçado a operários parisienses nos leva a uma meditação sobre o sentido da vida (*décimo primeiro dia*).

Para Ozanam o ensinamento é uma verdadeira vocação. Em Lyon ou em Paris, ele transmite tanto sua fé como seus conhecimentos (*décimo segundo dia*).

A Igreja raramente põe nos altares os méritos de um leigo engajado, casado, pai de família. Alegremo-nos e invoquemos a Frederico na ação que desenvolvemos (*décimo terceiro dia*).

Sua confiança absoluta na Providência (palavra que figura em numerosas cartas) o faz prosseguir com segurança e serenidade. Que modelo para nós! (*décimo quarto dia*).

Especial é o momento da leitura de seu testamento, escrito aos quarenta anos. Uma profunda meditação de um homem, ainda brilhantemente lúcido, no difícil momento da passagem. Após a revolta, ele aceita a vontade do Pai (*décimo quinto dia*).

FREDERICO OZANAM
(1813-1853)

Sexta-feira, 22 de agosto de 1997, dia da beatificação de Frederico Ozanam na Notre-Dame de Paris, a Igreja, por meio de João Paulo II, "confirma para os dias de hoje a escolha da vida cristã feita por Frederico Ozanam e do método que ele empregou. Ela lhe diz: Frederico, sua trajetória é verdadeiramente o caminho da santidade".

Em 1813, o fim do império está próximo: Napoleão I abdicou em 6 de abril de 1814. O romantismo começa a influenciar a sociedade francesa e europeia. Os escritos de Frederico Ozanam também se incluem nisso. Frederico Ozanam nasceu em 23 de abril de 1813 em Milão, capital do reino da Itália, que pertencia à coroa imperial. Foi batizado em 13 de maio. Seu pai experimentou diferentes sortes. Soldado no segundo ano

(1793), ele participou da campanha na Itália. Deixando em 1799, ele se casou em 1800 em Lyon. Logo teve dois filhos: Elisabeth (1801) e Alphonse (1804). Tendo se dado mal em negócios por causa do bloqueio continental, partiu para a Itália, sozinho. Era comerciante ambulante, depois abriu um pensionato em Milão. Sua mulher e seus dois filhos se juntaram a ele em 1809. Obteve seu diploma de médico em dezembro de 1810, com 39 anos, exercendo a profissão junto à população milanesa. Após a queda de Waterloo (1815), a família retorna a Lyon em outubro de 1816.

Frederico é o quinto filho de uma família que completará catorze: cinco homens e nove mulheres. Oito filhos faleceram muito cedo. A mais velha, Elisabeth (Elisa), morreu em 1820, com 19 anos. Em 1824, a família estava reduzida a três filhos: Alphonse (1804-1888) foi médico e sacerdote; Frederico (1813-1853); Charles (1824-1890) também era médico. A família vivia com relativa, mas suficiente facilidade. O pai, médico no Hotel-Dieu de Lyon, tinha também uma clientela particular. A mãe era voluntária de uma associação de operárias, "a Veilleuse".

Frederico era um aluno brilhante. Seu pai queria que fosse um advogado. Durante o último ano de estudos no colégio real, o Abade Noirot, seu professor de filosofia, ajudou o jovem Frederico a guardar a fé, quando atormentado pelas dúvidas. Era muito talentoso, principalmente em literatura. Aprendeu línguas clássicas e modernas. Seu professor esnobava "sua facilidade pouco comum de escrever em latim". Após sua formatura, em 1830, passou um ano com um avô. Lyon não tinha faculdade de direito. Então Frederico, em dois de novembro de 1831, tomou lugar numa diligência de dezoito lugares rumo a Paris, onde chegou no sábado, dia seis. Entrou para a Sorbonne. A Revolta dos Tecelões, primeiro grande confronto entre burguesia e proletariado, eclode em 21 de novembro de 1831. Em três dias houve um saldo de 169 mortos e 403 feridos, mergulhando Frederico na angústia por sua família.

Ele não se acostumou em Paris. André-Marie Ampère, lionês como ele, acolheu-o em sua casa. Os estudos de direito lhe davam liberdade para seguir também a faculdade de letras. Doutor em direito em 1836 e doutor em letras em 1839, foi o primeiro colocado no concurso para a agremiação de ensino de letras em 1840.

Ozanam foi o incentivador das conferências de quaresma na Notre-Dame de Paris. Obtém, desde 1835, que o padre Lacordaire lhe atribua a pregação. Elas são ainda a referência para muitos cristãos. Seus traços característicos emergem de suas 1.448 cartas editadas.

Sua fé é inabalável, depois das dúvidas de sua adolescência; grande confiança na Providência.

Sua humildade na construção da sociedade de São Vicente de Paulo. Quantas vezes não se lê "nossa pequena sociedade", "nossa pequena obra"?

Sua esperança no futuro: para ele, a revolução de 1848 é uma chance inesperada. Ele vê nisso o advento temporal do Evangelho "expresso por estas três palavras: Liberdade, Igualdade, Fraternidade".

Seu amor pelos pobres: Ozanam possui esse amor em um grau raramente atingido. Toda a sua vida, guiada pelo exemplo de seus pais, ele os visitará, mesmo quando muito doente. Sempre demonstrará seu amor pela justiça e pela caridade.

Seus pontos de vistas sociais muito avançados: Ozanam se pretende ser um mediador entre os que têm muito, mesmo demais, e o que não têm grandes coisas ou mesmo nada. Ele volta muitas vezes a esta questão em termos quase idênticos. Era realmente angustiado por estas questões: reunir ciência e religião, riqueza e pobreza, crentes e não crentes. Muitos textos decorrem desse zelo quase teimoso. Era verdadeiramente um apóstolo, abrasado "por um mesmo desejo de pregar a verdade e de salvar as almas". Quando aconteceram os tumultos de 1848, ele pede a intervenção de dom Affre para fazer cessar os combates no Faubourg Saint-Antoine. Ali o arcebispo foi morto por uma bala perdida.

Seus amigos, que lhe eram indispensáveis: "Jamais pude passar sem meus amigos". Era ligado com um grupo de alunos, em Paris e Lyon, com os quais mantinha uma correspondência regular. A amizade era a palavra-chave, seja nos momentos alegres (casamento de seus amigos) ou doloridos (a perda de um parente). Quando chegou a Paris, sozinho na grande cidade, ele reconstrói o círculo de Lioneses que vivem e se divertem juntos.

Ele foi advogado por pouco tempo, tanto que essa profissão o desagradava. Sua vida foi marcada por um interesse pelo jornalismo: Desde os 16 anos ele tinha escrito no *l'Abeille française*. E escreverá em muitos jornais. Em abril de 1848 fundou, com os abades Maret e Lacordaire, a *l'Ère nouvelle*. É onde ele define sua visão de sociedade e de mundo. Era um escritor: além de suas teses sobre Dante (1245-1321), outras obras recebem prêmio como o da Academia francesa: *os Germanos antes do cristianis-*

mo; os Poetas franciscanos da Itália do século XIII; segundo Ampère, "é uma obra-prima de sabedoria e de graça"; *a Vida de Santo Eloi*; *Dois chanceleres da Inglaterra*; *Peregrinação ao país de Cid* (1853)... Entra para a política: impulsionado por seus amigos lioneses, ele se apresentou às primeiras eleições de sufrágio universal em 1848 (8 milhões de eleitores). Obteve mais de 15.000 votos, mas não foi eleito. Ele foi principalmente: um professor, um fundador, um esposo.

O professor

Assumiu em julho de 1839 a tarefa de direito comercial em Lyon. Habilitado em letras, sucede em 25 de novembro de 1844 a Claude Fauriel, titular na Sorbonne da cadeira de literatura estrangeira, onde era assistente. Jean-Jacques Ampère assim descreve o professor Ozanam: "Ele prepara suas aulas como um beneditino e as ministra como um orador". Por 12 anos ele se mantém fiel ao ensino e aos seus estudantes da Sorbonne que ele amava tanto. No entanto, muitas vezes suporta os ataques de professores hostis, de libertários. Ele tinha em alta estima sua missão de docente. Somente a doença o afastará da Sorbonne, onde lecionou até junho de 1852. Ozanam era unanimemente reconhecido por suas qualidades universitárias. Membro de várias Academias estrangeiras (Florença, Roma, Baviera...), renunciou, por doença, a apresentar à Academia as credenciais de inscrição e belas-letras.

O fundador

Frederico frequentava assiduamente a conferência de história animada por Emmanuel Bailly. "Os assuntos são livres: história, filosofia, literatura, tudo é admitido", escreve ele a um amigo. A influência que Bailly, com 40 anos de idade, exerceu sobre o pensamento e a ação dos cristãos de seu tempo é considerável. Ele teve a ideia desses encontros em torno dos quais se reuniam estudantes, católicos ou não. Tratava-se, como se diz, de um apostolado intelectual.

Frederico visava uma trajetória bem concreta. Numa reunião de amigos, em 23 de abril de 1833, decide-se responder aos ataques dos anticlericais, adotando, com adaptação, o princípio de uma organização de jovens católicos e indo em direção aos pobres. Decide-se a criação de uma Conferência de caridade, pequena equipe constituída para ir visitar os pobres. Ela cresceu rapidamente, ajudada e sustentada pela irmã Rosalie Rendu, filha da Caridade.

O esposo

Sua vida amorosa começou tarde. Irá se casar? Entrará para alguma ordem? Ozanam reflete. Sabia que deveria tomar uma decisão para conduzir sua vida adulta. A Providência aguarda. Frederico encontra Amélia Soulacroix, filha do reitor da academia de Lyon. Fica apaixonado por essa jovem de 19 anos (ele tem 27). Casou-se numa quarta-feira, 23 de junho de 1841, na igreja de Saint-Nizier em Lyon. O jovem casal, depois de uma longa viagem de núpcias na Itália, instala-se em Paris, onde Frederico assume o cargo de professor na Sorbonne. Serão 12 anos de admirável amor. Amélia deu à luz, em 24 de julho de 1845, Maria. Alegria de um pai que estará sempre preocupado com a saúde de sua filha (uma angústia pela lembrança da morte prematura de seus irmãos e irmãs). Ozanam foi um marido atencioso com sua querida Amélia, uma esposa perfeita. Muitos são os testemunhos sobre essa vida simples, mas exemplar.

Em 1853, quando passou longa temporada na Itália (o ministro lhe confiara uma missão de estudo... e de repouso), sua saúde declinou. Ao completar 40 anos ele fez seu testamento, página admirável de fé e de amor por aqueles que ama. A doença piora.

Frederico quer voltar à França. Embarca em Livourne com seus irmãos, em 31 de agosto de 1853, para Marselha, onde sua família o espera. E aí ele falece, numa quinta-feira, 8 de setembro de 1853, festa da Natividade de Nossa Senhora. Repousa até hoje na capela do Carmo em Paris, vestido com o hábito franciscano, como Dante, que ele tirara do esquecimento, e como Francisco de Assis, de quem foi fervoroso discípulo.

Os 40 anos de vida de Ozanam foram um período extremamente conturbado: a França mudou sete vezes de regime e conheceu duas revoluções: julho de 1830 e fevereiro de 1848, revoltas em 1830, 1831, 1833, 1848, revoltas dos tecelões em 1831 e 1834, epidemias de cólera em 1832 e 1849, atentado contra o Rei Luís Felipe em 1835... A industrialização do país está em curso, em marcha forçada. Em 24 de agosto de 1997, acompanhando João Paulo II ao aeroporto, Lionel Jospin, primeiro ministro, rendia assim sua homenagem a Frederico Ozanam: "Esse homem de fé, lúcida e apaixonada, não poderia ficar insensível à miséria e à injustiça social".

ABREVIATURAS

Cartas

1	Cartas, tomo 1, Lecoffre & Cia 1865.
2	Cartas, tomo 2, Lecoffre & Cia 1865.
AIL	Carta a Henrique d'Aillaud Caseneuve.
BEN	Carta a Charles Benoit.
CHA	Carta a Joseph de Campagny.
COL	Carta a Gusstave Colas de la Noue.
COZ	Carta a Charles Ozanam.
CUR	Carta a Léonce Curnier.
DUG	Carta a Prosper Dugas.
FAL	Carta a Ernest Falconnet.
FOI	Carta Téophile Foisset.
FOR	Carta a Hippolyte Fortoull.
FRA	Carta a Salvat Franchisteguy.
HAR	Carta a Benoîte e Louis Haraneder.
HAV	Carta a Ernest Havet.
HOM	Carta a Charles Hommais.
JAN	Carta a Louis Jannot.
JJA	Carta a Jean-Jacques Ampère.
LAL	Carta a François Lallier.
LET	Carta a Auguste Lê Taillandier.
MAR	Carta ao abade Henri Maret.
MAT	Carta a Auguste Materne.
PEN	Carta ao R. P. Tommaso Pendola.
PIS	Carta a Prière de Pise, 23 de abril.

TOM   Carta A Nicolo Tomaseo.
VEL   Carta a Ferdinand Velay.

N.B. A cada referência de carta é acrescentado 1 ou 2 conforme o tomo de onde a carta foi tirada.

Livros

AME   *Correspondência de Amélia e Frederico*, L'Anneu d'Or 1953.

AMP   Jean-Jacques AMPÈRE, prefácio a *Obras completas* de Frederico Ozanam, 1855.

BA   Dom BONNARD, *Frederico Ozanam em sua correspondência*, De Gigord 1912

BEAT   Cerimônia de beatificação de Frederico Ozanam, 22 de agosto de 1997.

BIS   Arthur BISET, *Ecos da literatura*, 1846;

CEN   *Livro do Centenário*, Beauchesne 1913.

CER   Frederico OZANAM, *Discurso ao Círculo católico*, 1842.

CHO   Charles OZANAM, *Vida de Frederico Ozanam*, 1861

CID   Frederico OZANAM, Viagem ao país de Cid, 1853.

CIV   Frederico OZANAM, *A Civilização no século V*, 1851.

DCOM   Frederico OZANAM, *Vigésima quarta lição de direito comercial*, 1840.

DEB   Jean-Jacques Ampère, *Jornal de debates*, 9 e 12 de outubro de 1853.

DRO   Frederico OZANAM, *Curso de direito comercial*, Lyon 1839-1840.

EN   *L'Ère nouvelle*, 1848-1849.

FLO   Frederico OZANAM, *Discurso em Florença*, 30 de janeiro de 1853.

GAU   Leon GAUTIER, *Portraits du XIX siècle, historiens et critiques*, Sanard et Derangeon 1894-1895.

GOB   Frederico OZANAM, *Discurso aos jovens operários*, 1848.

LAC   R. P. LACORDAIRE, *Frederico Ozanam*, 1855.

NOA   Amélie OZANAM, *Notas biográficas*.

POU   Fréderic POULIN, *Éloge de Fréderic Ozanam*, 1861.

PER   Henri PERREYVE, *Fréderic Ozanam*, 1853.

QUI   Edgar QUINET, *Histoire des mes idées*, 1858.

Primeiro dia

DIANTE DAS PROVAÇÕES, O SOCORRO DA FÉ

> Quantas vezes eu vi meu pai e minha mãe chorar, pois dos catorze filhos, o céu não lhes deixou senão três! (CHA2).

Quando Frederico Ozanam nasceu, em 1813, a mortalidade infantil era um flagelo muito grande: um terço no fim do século XVIII. Mesmo quando tende a baixar o índice (vacinação contra a varíola a partir de 1796 e o progresso na medicina obstétrica), ainda se deplora, em 1850, a morte de uma em cada seis crianças com menos de um ano de idade. Hoje, esse drama é nitidamente menos frequente, mas, em qualquer idade ou por qualquer motivo, a morte de uma criança é sempre uma provação cruel para os pais. A esperança de uma vida futura, o recurso à oração podem ajudar a família a suportar essa tragédia. No século XIX, especialmente nas classes privilegiadas, generaliza-se a opção pelo filho único. Então ele se torna precioso e adquire um valor novo. Redescobre-se a ama de leite. As famílias confiam seus bebês a amas de leite, muitas vezes que moram no campo, onde as condições de higiene são muito precárias: elas pegam vários bebês a fim de suprir sua baixa renda; seu leite materno nem sempre convém. Os pais de Frederico perderão assim vários bebês. Frederico é o quinto filho de um lar que completará catorze. Ele se beneficia da atenção que sua irmã Elisa lhe oferece.

> Eu tinha uma irmã, uma querida irmã, que me instruía juntamente com minha mãe; e essas lições eram tão doces, tão bem pertinentes e tão bem apropriadas para minha mente infantil, que eu tinha com isso um verdadeiro prazer (MAT 1).

Ele fará referência a sua grande e querida irmã em várias cartas e no prefácio de seu livro *la Civilisation au Ve siècle*.

> Primeira instrutora, uma irmã inteligente, piedosa como os anjos aos quais foi se juntar (CIV).

Elisa irá morrer aos dezenove anos, mergulhando o pequeno Frederico no mais extremo pesar.

> Eu tinha sete anos quando minha irmã, minha boa irmã, faleceu. Compartilhei muito a dor comum. Oh! Que tristeza eu tive (MAT 1).

A infância de Frederico foi assim marcada pela morte de onze irmãos e irmãs. Foi também marcada pela piedade familiar; e marcou-o profundamente. Pôde seguir os exemplos de seu pai, de sua mãe, de sua irmã. A fé de seus pais lhe permitia suportar aqueles repetidos lutos. Se sabemos um pouco sobre a prática religiosa de seu pai, é porque Frederico se refere ao modo como foi educado numa carta de 15 de janeiro de 1831.

> Esse catolicismo que me foi ensinado outrora pela boca de uma excelente mãe, que se fez muito querida em minha infância e que alimentou muitas vezes meu espírito e meu coração com suas belas lembranças e esperanças mais belas ainda (FOR 1)

Ela vivia sua fé com convicção pela participação nos ofícios, na recitação do rosário, na celebração das festas dos santos padroeiros da família, em seu engajamento ativo, por muitos anos, numa associação de operárias: a sociedades das Veilleuses, formadas para circular, de noite, para atender a doentes indigentes. Ela acreditava firmemente na comunhão dos santos, como testemunha Frederico Ozanam:

> Eu bem vi pessoas enviar a minha mãe felicitações porque, se três filhos se mantiveram fiéis à fé católica, é porque ela tinha no céu outros onze filhos que oravam por eles (LAL 2).
>
> Quando eu tive a felicidade de comungar, quando o Salvador veio me visitar, pareceu-me que ela o seguiu dentro de meu miserável coração, como tantas vezes ela o seguiu, levando em viático, às casas carentes; e então, eu tenho a firme confiança na presença de minha mãe junto de mim (FAL 2).

Ela incutiu essas mesmas práticas em Frederico: frequência à missa, preparação de suas confissões e de sua primeira comunhão. Fazia-se a oração em família, hábito muitas vezes desaparecido em nossos dias. Não estará nisso uma explicação para o tédio de muitos jovens? Ele agradece muitas vezes Deus lhe ter dado tal mãe.

> Vós mesmo engendrastes essa santa mulher: aprendi em seus joelhos vosso temor e em seus olhos vosso amor (PIS).

Nós, também, bendizemos o Senhor pela graça que Ele concedeu a Frederico. Igualmente lhe agradecemos todas as mamães que, por sua fé, sua coragem, sua abnegação, mostraram o reto caminho a seus filhos.

Após uma estadia de alguns anos na Itália, a família retornou a Lião em novembro de 1816, para um apartamento na rua Pizay, n. 5 (próximo ao museu Belas-Artes), morando aí até a morte do pai, em 1837. O imóvel era bastante bonito, com paredes de pedras em torno de um pátio interno. Frederico cresceu num ambiente familiar excepcional. Seu pai, médico do Hôtel-Dieu de Lyon, atendia também a uma clientela particular. À sua morte, Frederico estima que um terço de suas consultas foi feito gratuitamente a pessoas indigentes. Ele será reconhecido como "o médico dos pobres", tendo vivido concretamente sua fé a serviço deles. A família vive com facilidade relativa, mas suficiente.

> Quero render graças a Deus ter-me feito nascer em uma dessas situações, no limite do desconforto e da facilidade, que habituam às privações sem deixar ignorar absolutamente as alegrias; não se pode repousar na satisfação de todos os desejos, mas também não se fica absorvido pelas premências contínuas da necessidade (LAL 1).

Nessa atmosfera, a fé de Frederico vai crescendo. Além da frequência à missa, ele lê a Bíblia, fazendo frequentes anotações.

Mais tarde, é com Amélia, sua esposa, que ele ora cedo e à tarde. Como ela escreve: "A piedade dele era viva e consoladora. Ele encontrava na prática de nossa religião, nos sacramentos, uma força de um ardor sempre novo e, nos últimos dias de sua vida, uma calma, uma paz que vinha do céu" (NOA). Em toda a sua vida ele punha em prática sua fé visitando os pobres, atendendo aos questionamentos cristãos e dúvidas de seus amigos, educando sua pequena Maria, não hesitando jamais em proclamar sua fé diante de seus estudantes, seus colegas da Sorbonne.

> Se vos nutris desses admiráveis doutores da idade média e desses Pais que seriam uma leitura tão digna de vossa nobre inteligência, não tiraríeis da revolução nem a liberdade, nem a tolerância, nem a fraternidade, nem algum desses grandes dogmas políticos apresentados pela revolução, mas sim do Calvário (HAV 2).

Ele nos convida a fazer o mesmo que ele, com a delicadeza e humildade, a não ter medo de afirmar o valor do que nós vivemos. Com a ajuda de Frederico, é preciso meditar, defender nossa fé se for necessário e quando for necessário. Alguns nos serão gratos por isso. E nos reconhecemos como discípulos do Senhor.

Segundo dia

OS ANOS DE COLÉGIO
E A INFLUÊNCIA
DO ABADE NOIROT

Mais tarde, os ruídos de um mundo que não cria mais vieram até mim. Conheci todo o horror dessas dúvidas que roem o coração durante o dia e que reencontramos à noite num leito regado de lágrimas. A incerteza de meu destino eterno não me deixava repousar. É então que um padre filósofo me salva. Ele põe ordem e luz em meus pensamentos. Daí em diante eu acreditei com uma fé segura; e, tocado por um tão raro benefício, prometi a Deus devotar meus dias ao serviço da verdade que me dava a paz (CIV).

Até nove anos e meio, como numerosos filhos de famílias burguesas, Frederico Ozanam recebeu unicamente educação familiar, de sua mãe, de seu pai, de sua irmã Elisa e de seu irmão Alphonse. Elisa, grande irmã, bonita e muito inteligente, aprendeu música, desenho e inglês com seu pai; Alphonse, tendo obtido seu diploma de doutor em medicina, parte, malgrado o pouco entusiasmo de seu pai, para o seminário de Saint-Sulpice em outubro de 1822. Nesse mesmo tempo, Frederico entra no sexto ano no colégio real de Lyon (hoje liceu Ampère). Como muitos colégios dessa época, o estabelecimento não parece estar muito bem. Está situado entre Saône e Rhône, na rua Bourse, a 500 metros apenas do apartamento da família. Edgar Quinnet (que foi interno de 1817 a 1820) faz uma descrição pouco atraente de lá: "Edifícios negros, abóbadas tenebrosas, portões trancados e com grades, capelas úmidas, muros altos que escondiam o sol" (QUI). Poderíamos juntar termos como desmoronamento, insalubridade, desconforto...

Frederico faz sua primeira comunhão na quinta-feira, 11 de maio de 1826, logo que passa para o terceiro ano. Tem exatamente 13 anos. Ele se engaja, pelo sacramento da confirmação recebido em seguida, na defesa de sua fé diante de todos. Não abandonará nunca essa promessa, apesar de seu período de dúvida, seja na família, na Sociedade São Vicente de Paulo, durante sua vida universitária, durante seus anos de sofrimento. É um jovem excepcionalmente dotado. Instruído por seu pai, rapidamente fala italiano e, desde sua chegada ao colégio, aprende o latim, que seu pai também conhecia. Em seguida o estudo do grego, do hebraico, mais tarde do sânscrito. No curso dos estudos, aprendeu inglês e espanhol. Depois da formatura, obtida em 1830, estudou alemão e se distraía um pouco seguindo um curso de desenho. Como escreverá Lacordaire: "Não havia musa que não habitasse nele" (LAC).

Frederico é tido muito rapidamente entre os melhores alunos de sua classe, e será mesmo o primeiro a chegar às classes terminais. Em uma longa carta a um dos seus amigos muito próximos, Augusto Materne, em 5 de julho de 1830, ele detalha sua vida de colegial e seus problemas de adolescente. Como seu amigo, também preso às mesmas inquietudes, ele experimenta os distúrbios do período da puberdade, que ele descreve perfeitamente.

> Apesar de mim, pensamentos criminosos, licenciosos me acabrunhavam. Eu queria afastá-los; esforçava-me muito para isso: meu digno confessor disse-me para não me inquietar (MAT 1).

O mundo mudou e os jovens sempre lidavam com dificuldades idênticas. Mas será que eles encontram ouvidos atentos, discretos, que dão segurança, naqueles aos quais desejam se confiam?

Em 1830, a França passa por um período conturbado. A revolução e os anos subsequentes são marcados por graves episódios antirreligiosos. Em Paris o saque de Saint-Germain-l'Auxerrois e do arcebispado instiga os espíritos. Os ânimos ficam acirrados: há agressões aos sacerdotes, o arcebispo de Paris deixa a capital por um tempo, circulam panfletos obscenos, interpretam-se cenas anticlericais... Musset exclamará em *Confesssion d'um enfant du siècle:* "A hóstia, símbolo eterno do amor celeste, servia para selar cartas". Aquilo tudo afeta obviamente os jovens, especialmente porque pouco prosseguem na prática religiosa depois da primeira comunhão. Frederico duvida, mas persevera em suas devoções religiosas. Ele reza, frequenta a igreja paroquial com seus pais, recebe o sacramento da reconciliação regularmente, mesmo se isso lhe é penoso. Ele quer firmar sua convicção. Mesmo atravessando um período muito difícil, agradece aos céus que "nesse século de ceticismo, Deus me deu a graça de nascer na fé" (CIV). Frederico experimenta as aflições da dúvida. Nem sabe mais onde está.

> Em razão de ter de ouvir sobre incrédulos e de incredulidade, eu me perguntava por que eu ainda acreditava (CIV).

Ele expressa esse pensamento na introdução de sua obra *La Civilisation au Ve siècle* em 1851.

> Eu me agarrava com desespero aos dogmas sagrados; mas tinham sensação que estavam se quebrando em minhas mãos (CIV).

Seu professor, o abade Noirot, será seu verdadeiro diretor de consciência.

> Ele colocou em meus pensamentos a ordem e a luz. Daí em diante eu acreditei com uma fé segura e, tocado por um benefício tão raro, prometi a Deus dedicar meus dias ao serviço da verdade que me dava a paz (CIV).

O abade Noirot era possuidor de uma autoridade fora do comum. Torna-se reitor da universidade de Lyon em 1854 e será reconhecido por todas as instâncias universitárias, entre outras o ministro da instrução pública, Victor Cousin, que diz sobre ele: "O Senhor abade Noirot é o primeiro professor de filosofia que a França tem. Os outros me mandam seus livros; ele me envia pessoas". Além de suas qualidades de professor, o abade Noirot saberá conduzir, guiar o jovem a se compor na hora de enfrentar grandes dificuldades na orientação de sua fé. A fé de adolescente de Frederico irá evoluir para uma fé adulta, uma fé engajada no serviço de sua família, de seus estudantes, da Sociedade São Vicente de Paulo, dos pobres que irá visitar. Enquanto muitos de seus amigos vão abandonar definitivamente a fé e a prática religiosa, Frederico não sucumbirá jamais a sua inquietação. Essa fé serena ele irá manifestar uma última vez quando, em seu leito de morte, em setembro de 1853, respondendo à interrogação de seu confessor sobre Deus, ele exclama:

> Por que eu creio? Eu o amo tanto.

Como Frederico, nós somos muitas vezes assolados pela dúvida, por nossa falta de fé, nossa recusa a nos deixar invadir e socorrer pelo Senhor.

> Eu duvidava e, contudo, queria crer. Afastava a dúvida... Minha fé não era sólida; no entanto eu preferia crer sem razão do que duvidar, porque a dúvida me atormentava muito (MAT 1).

A oração continua, até hoje, uma das especificidades da Sociedade São Vicente de

Paulo. Cada reunião começa e termina com uma prece ou uma meditação sobre um texto da Bíblia ou de diferentes autores. Com isso, não fazemos senão seguir a tradição, a exigência dos primeiros vicentinos.

Terceiro dia

O AMOR ENTRE AMÉLIA
E FREDERICO

> É com simplicidade fraternal que venho
> compartilhar com vocês minha felicidade. Ela
> é muito grande, ultrapassa todas as expectati-
> vas e todos os sonhos e, desde a última quarta-
> -feira, dia em que a bênção de Deus desceu
> sobre mim, estou num encantamento tranqui-
> lo, sereno, delicioso, cuja ideia nada ainda me
> tinha dado (AMP 1).

Está feliz o Frederico, neste 23 de junho
de 1841, dia de seu casamento com
Amélia Soulacroix, filha do reitor de Lyon.
Ele vive em plenitude esse momento, e cada
batizado experimenta, estou certo, as mesmas emoções nessa ocasião. No entanto, não
encontramos forçosamente as palavras para
dizer isso, para descrever, para fazer sentir
e compartilhar com os outros essa sensação
de extrema plenitude, fruto desse sacramen-

to divino. A promessa feita por dois seres, um de frente para o outro, para a vida inteira, não é pouca coisa e merece que se reflita um pouco antes de tomar a decisão que será definitiva. No mundo de hoje, não tanto como no passado, saber-se-á que esse compromisso "por melhor ou por pior que seja" é um contrato? É sério que tal escolha aconteça diante de autoridades civis e, para nós cristãos, diante do sacerdote que, presidindo, confirma que essas duas pessoas se ligam por toda a vida. Frederico se questionou muito antes de dar o passo do casamento. Ele hesitou muito tempo entre entrar para as ordens (sem dúvida para os dominicanos de seu grande amigo Lacordaire) ou o casamento. Ele sabe muito bem que deve tomar uma atitude para conduzir sua vida adulta. Com 22 anos ele se questiona.

> Parece-me que estou experimentando, desde algum tempo, os sintomas precursores de uma nova ordem de sentimentos, e fico receoso. Sinto que se abre em mim um grande vazio não preenchido nem pela amizade, nem pelo estudo. Será vazio de Deus? Ou de uma criatura? Se é de uma criatura, rezo para que se apresente mais tarde, quando me tornar digno disso. Rezo para que ela traga consigo o quanto necessário de charme exterior para que não se arrependa. Rezo, porém, sobretudo, para

que venha com uma excelente alma, que tenha uma grande virtude, que valha bem mais do que eu (CURI)

Ele tem medo do casamento. Não escreveu em 1837 a Lallier?:

É sobretudo essa perpetuidade do compromisso que me aterroriza, e é porque não posso impedir de derramar lágrimas quando assisto a um casamento (LAL 1).

Ele é até muito sarcástico quando se refere a esse sacramento.

A Santíssima Virgem é minha mãe e outras me fazem perdoar muitas coisas a essas filhas de Eva. Mas declaro que em geral eu não as compreendo. Sua sensibilidade é muitas vezes admirável, mas sua inteligência é de uma leviandade e de uma inconsequência desesperadoras... e depois eu me amarrar numa sociedade sem reserva, sem fim com uma criatura humana, mortal, doente, miserável, por mais perfeita que ela seja? (LAL 1).

Essa opinião é fortemente compartilhada, na metade do século XIX pelo gênero masculino. Mas, mesmo nos dias de hoje, estamos certos de ter erradicado essa atitude? A Providência cuida para colocar em seu caminho uma jovem de 19 anos, lionesa como ele, que trata com amor seu jovem irmão gravemente doente. Frederico fica rapidamente seduzido pelas qualidades de Amélia: gentileza, reflexão, amor aos outros, generosidade. Fica loucamente apaixonado por essa jovem que erradia na família toda. Retornando a Paris em dezembro de 1840 ele escreve:

> Que Deus me conserve aquela que parece ter escolhido para mim e cujo sorriso é o primeiro raio de sol que brilhou em minha vida desde a perda de meu pobre pai. Vereis que estou ternamente enamorado! Não escondo que ainda não posso impedir de rir às vezes. Sinto meu coração mais bronzeado (LAL 1).

Frederico mal pode realizar o que lhe advém. Sua vida irá mudar muito. Está longe de Amélia durante todo o tempo de seus compromissos, sofrendo com isso, pois ensina na Sorbonne e ela vive em Lyon. Dá para entender, assim os casais atuais que, muitas vezes e por longo tempo, são afastados pela necessidade de trabalho. Ao pedido de sua noiva: "Deixa-me compartilhar, para que possa dizer Nós", ele responde: "Doravante diremos Nós" (AME). Aí também é preciso certa aprendizagem de vida a dois. E não era mais fácil 170 anos atrás. Algumas cartas mostram que há dificuldade de "controlar", mas é a força dos casais que confiam um no outro que vence as dificuldades. Muitas vezes, houve alguma tensão entre os esposos; espantoso seria o contrário; sob a proteção de Deus, porém, com o apoio da oração, o recurso aos sacramentos, os problemas se diluíam.

> Tu me perdoarás muito, porque muito amei; e eu, tornar-me-ei digno de tua indulgência purificando meu amor (AME).

Tempo feliz para os depoimentos de então e bom também para nós que essas cartas nos trazem à vida, não como espectadores mas como testemunhas, das alegrias, das penas, das buscas desse casal. O que deixaremos às gerações seguintes, nós que usamos i-phone, e-mail e não usamos mais a caneta para contar e nos contar, para questionar, para nos questionar? É curioso constatar que, em nossos dias, as crianças pedem aos pais para lhes descrever sua vida de antes, talvez porque eles sabem bem que os traços correm o risco de desaparecer para sempre.

Esses 12 anos de casamento serão 12 anos de felicidade perfeita e profunda. O nascimento de Maria, em julho de 1845, constituiu uma bênção para Amélia e Frederico. Penso que todos os pais compreenderão. Que alegria, em seguida, anunciar a todos o feliz nascimento. Seria mesmo possível anunciar a qualquer desconhecido que está passando! Feliz o tempo do casamento, mas a morte irá interromper. Que fé, em Amélia e em Frederico, nessa longa caminhada para o 8 de setembro de 1853, data de sua partida para o Pai!

Como poeta, Frederico nos dá sua definição de casamento.

> São dois lados: de um lado se encontra a pureza, o pudor, a inocência; do outro, um amor intacto, o devotamento, a consagração imortal do homem àquela que é mais frágil que ele. Ontem ele não conhecia e hoje se encontra feliz de passar com ela todos os seus dias. É preciso que os dois sejam igualmente plenos para que a união seja igualitária e que o céu a abençoe (CIV).

Em toda a sua vida Frederico nos mostrou o quanto o casal era um enriquecimento mútuo, e, com Amélia, ele deu o exemplo de uma espiritualidade realizada. Ambos nos proporcionaram viver o amor total: philia, eros, ágape.

> Quando Deus fez duas almas para viver em união, ele lhes fixou o preço da felicidade. E não deixa fora as condições para isso. É aí que remetemos em sua profundidade o mistério da união conjugal (AME).

Quarto dia

EU SOU PAI!

Após tantos favores que fixaram minha vocação nesse mundo, que puseram fim à dispersão de minha família, um novo benefício veio me fazer conhecer a maior alegria provavelmente que se possa provar aqui neste mundo: eu sou pai! (FOI 2).

Precisemos numa palavra os favores que Frederico evoca no começo de sua carta: ele recebera recentemente sua titulação de professor da cadeira de literatura estrangeira na Sorbonne, e a família está reunida, pois seus sogros, os Soulacroix, deixaram Lyon e vieram morar em Paris. É realmente um clamor do coração que Frederico lança a seu amigo Foisset, em 7 de agosto de 1845, contando sobre o nascimento de Maria, sua primeira filha, nascida em 24 de julho. Essa carta faz ressaltar a felicidade imensa de um feliz novo pai. O nascimento do primeiro filho de um casal é um momento único que Frederico exprime com detalhe e entusiasmo.

> Ah! Que momento aquele em que, ajoelhado ao pé do leito de Amélia, eu vi seu derradeiro esforço e, ao mesmo tempo, minha filha aparece à luz do dia (HAR 2).

> Ah! Monsenhor, que momento aquele em que escutei o primeiro grito de minha filha! Em que vi aquela pequena criatura, mas aquela criatura imortal, que Deus colocava em minhas mãos!, que me levava tanto a doçuras quanto a obrigações! (FOI 2).

Os nascimentos ulteriores de um casal não têm a mesma intensidade, mesmo se são tão desejados, queridos, esperados. Aquele nascimento era desejado desde seu casamento, e os Ozanam já estavam desesperados. Amélia teve dois abortos. Longe de Paris, ela repousa e se fortalece. Em 6 de agosto de 1842, Frederico fez um relatório das visitas que efetuara a famílias aflitas, uma delas com crianças, às quais Frederico dera um pequeno presente da parte de Amélia:

> Para que essas pequenas criaturas rezem por ti, por nós dois, para afastar de nós no futuro a infelicidade deste ano e nos obtenha o pequeno anjo que nossa casa espera (AME).

Os meses vão passar, com novas esperanças frustradas, mas uma nova expectativa expressa Frederico quando ele escreve a

Amélia "para essa esperança tão querida que nos fez feliz na última primavera e que quereríamos ver reflorescer" (AME). Difícil período de espera mês após mês para um jovem casal (unido há mais de quatro anos) que se ama, que deseja ardentemente uma família numerosa (desejo que não será cumprido e, somente Maria virá clarear o lar). Frederico define assim a harmonia conjugal:

> É essa impossibilidade de um passar para outro o desgosto da separação (AME).

Cada um dos propósitos de Frederico exprime o amor que ele transmite à futura mamãe de seu filho. É muito difícil separar o amor conjugal e o amor paternal. O período da gravidez, vivido bem diferentemente pelo homem e pela mulher, é oportunidade de novo enraizamento de seu amor. Esse casal Ozanam, tão unido, apesar, às vezes, de pequenos desentendimentos, incompreensões: "Venho te pedir perdão de minhas faltas e das dificuldades que causaram" (AME), ajuda-nos a chegar bem perto do modo de compreender nossa dimensão conjugal e dimensão paternal, com suas alegrias e suas preocupações, suas pequenas felicidades e fraquezas. Com Frederico, apreciamos conhecer um homem feliz, que venceu as mesmas dificuldades de muitos casais, por exemplo aquela do afastamento de sua esposa, mãe e filhos; aquela de fins de mês "apertados". E é o motivo, entre outros, pelo qual ele está tão próximo de nós, cristãos do século XXI. Não é comum referir-nos a santos leigos, casados e pais de família. Vamos escutá-lo falando de sua vida de casal, sua vida de pai e vamos segui-lo. Frederico preocupa-se com a futura mamãe de maneira muito concreta:

> Peça sua orientação [ao doutor Richard] sobre os cuidados a ter em caso de gravidez; sobre essas dores de cabeça que tiveste no último inverno (AME).

Em um casal cristão, homem e mulher são indissociáveis. Amélia é a esposa que completa Frederico. Cada um se enriquece com o outro.

> Serás o raio de luz sempre presente no meu pensamento (AME).

Qual marido nunca provou esse sentimento? Frederico se desgasta em esperar a alegria do nascimento de um filho, mesmo

> "se tiver de adiar para tempos mais felizes a alegria de ver brincando ao nosso redor os pequenos anjos que nos deverão a vida" (AME).

Após o nascimento de Maria, o feliz papai escreve com ternura:

> Há um lindo berço na sala e, sob a cortina azul, um pequeno anjo que há 15 dias, o bom Deus e a Santíssima Virgem nos enviaram (AME).

Mais tarde, de Douai, onde passou as provas do bacharelado, ele se preocupa com a saúde da "pequena Maria", que chamará muitas vezes com o diminutivo, Nini, e com a saúde de Amélia.

> Cuida de ficar bem, de se alimentar um pouco e de levar a bom termo a convalescença da pequena Maria (AME).

Em algumas cartas Frederico se compraz em falar de sua filha. Percebemos sua atitude atenciosa para com sua filha.

> Ontem, eu jantei com uma menina que não tinha modos (AME).
>
> Como a santíssima Virgem ama as crianças educadas, eu rezei muito por Maria. Estou certo de que Maria irá ser perfeitamente obediente, que ela não vai ficar fazendo manha (AME).

Viajando para Londres enviou esta mensagem por ocasião da festa de 15 de agosto:

Quero te desejar boa festa. É uma festa bem grande, pois é festa da Santíssima Virgem. Ela se chama Maria, como tu, e já que te deu seu nome, é preciso que lhe dês teu coração. Pede-lhe que interceda por ti para que sejas bem educada e que o bom Deus te ame (AME).

Nós iremos começar sua educação no momento certo, ao mesmo tempo que ele (nosso pequeno anjo) iniciará a nossa educação; porque percebo que o céu no-la enviou para aprendermos muito e para nos fazer melhores (FOI 2).

Alguns dias depois, Frederico escreveu ao padrinho de sua filha:

Não conheço nada mais doce sobre a terra do que ver entrar em minha casa minha mulher bem-amada com minha querida filha nos braços. Aí eu componho a terceira pessoa do grupo (LAL 2).

A mesma cena tocante, apaixonante, repete-se todos os dias, em todas as latitudes, em todos os casais que se amam.

Quinto dia

OS AMIGOS

Sua gentil carta foi um grande consolo para mim: com efeito nada mais consolador do que recordar aqueles a quem estamos ligados estreitamente pelo coração. Acredito que já lhe disse: as doçuras da família são muito preciosas, o sangue dá direitos natos e imprescritíveis; mas a amizade dá direitos adquiridos e sagrados, prazeres insubstituíveis: os pais e os amigos são duas espécies de companheiros que Deus nos deu para a trajetória da vida, a presença de uns não pode fazer esquecer a ausência de outros (LAL 1).

A amizade foi para Frederico um bem precioso. Amélia dirá: "Ele cultuava os afetos", e Frederico confirmava:

Nunca pude passar sem meus amigos; a lembrança deles é infinitamente mais preciosa para mim, já que as revoluções separam tantas pessoas que se amam (DUG 2).

Desde o colégio ele faz amizade com um grupo de alunos. O mesmo ele fará em Paris durante os estudos, e manterá com eles uma correspondência estreita e regular, na qual a amizade será a palavra-chave, para momentos felizes, como o casamento dos amigos: "Como você compartilhou minha dor em meio a seus projetos felizes, eu também quero, em meio a minhas tristezas, sorrir para sua felicidade próxima" (LET 1), uma alegria contagiante: "a gente age bastante e de maneira variada; a gente pega ponche e pedaços de bolo e se enturma felizes em bandos de quatro ou cinco" (FAL 1); comunica a criação da primeira Conferência fora de Paris: "Sua carta me encheu de alegria. Essa alegria, não poderia guardar somente para mim: já comuniquei a alguns amigos meus que fazem parte de nossa pequena sociedade" (CUR 1); igualmente nas passagens dolorosas. Muitas vezes, Frederico corresponde, com estilo terno e agradável, com amigos que perderam algum ente querido. Sempre fará referência a sua fé e à comunhão entre os vivos e os mortos. Ele estima que, aos 20 anos, já tinha passado um terço de sua esperança de vida, o que se verificava várias vezes.

A notícia de seu infortúnio me emocionou até as lágrimas. Deixe-me felicitá-lo pela fé que o sustenta em uma tão grande provação (LAL 2).

O amigo é uma parte de nós mesmos, aquele que nos proporciona ajuda, dá conselhos, aquele a quem confiamos nossas reações aos grandes questionamentos da vida, de nossa fé. É indispensável ter amigos verdadeiros, que escutam sem falar, que aceitam nosso silêncio, que animam. Frederico se propunha a atender a esse amigo em seus trabalhos universitários, a aconselhar aquele outro em seus projetos futuros, a reavivar outro em sua fé.

> Eu notei que você faltava um pouco com a franqueza comigo em um só ponto, porque você tinha medo sem dúvida de abrir sua alma para mim. Quero falar da fé! Estou muito seguro de que, nesse assunto, sua mente passou por revoluções que você não quis me contar; contudo, eu tinha receio de intervir, não, certamente, para ensinar você, eu não podia, mas para compartilhar um pouco suas inquietações e lhe dar algum consolo (FAL 1).

Bela a carta endereçada, em 1834, a Falconnet, na qual percebemos a atenção que Frederico leva a seus amigos em dificuldade! Não hesita em reprová-lo por não lhe falar, não confiar nele; porque ele poderia ter ajudado, livrado de suas dúvidas. Sua fé não é somente uma fé pessoal interior, mas uma fé comunicativa que ele quer expandir ao redor de si para os amigos. Ele não teme dizer o que pensa, em que e em quem ele crê. Proclama suas convicções com uma franqueza e simplicidade que não ousaríamos proclamar sempre (ou nunca) e ainda menos transmitir, mesmo quando estamos em um grupo pequeno ou na reunião da Conferência. Por que temos medo de dar nosso testemunho de cristão? É curioso constatar que nós (que eu) não ousamos falar de nossa fé, quando é justamente isso que muitos esperam de nós. Temos medo de testemunhar quando os outros queriam tanto que proclamássemos com orgulho nossa fé em Deus três vezes santo. Muitos que estão em busca não encontram cristãos orgulhosos do que vivem, com capacidade de ajudá-los, de encorajar. Sendo assim:

> Nós católicos somos punidos por depositar mais confiança na genialidade de nossos grandes homens do que no poder de nosso Deus...
>
> Somos punidos por nos ter apoiado nesses caniços pensantes, por melodiosos que sejam: eles se quebram em nossa mão. É urgente que agora devemos buscar nosso socorro; não é um frágil barco que é necessário para atravessar a terra: são as asas, duas asas que transportam os anjos: a fé e a caridade (CUR 1).

Nós pecamos muitas vezes por medo do que dizer, por respeito humano. Que vergonha não arriscar dizer ao amigo verdadeiro nossos desânimos, nossos medos, mas também nossa confiança no homem e sobretudo em Deus. Frederico experimentou também grandes rompimentos com alguns amigos, que se afastavam dele, que deixaram o grupo ou que, como Lamennais a quem estava muito ligado, que romperam com a Igreja e abandonaram a fé. Mesmo nessas circunstâncias, porém, ele tem palavras que salvam, que trazem esperança, um amanhã de reconciliação, de paz.

> Reencontremo-nos pelo menos diante de Deus, já que não podemos estar unidos diante dos homens; já que não podemos trabalhar juntos, rezemos uns pelos outros, isso vale ainda mais (HOM 1).

É difícil ter uma atitude tão generosa, tão cristã, de tentar reconciliar antes do que de discriminar o diferente; de pedir o auxílio do Senhor ou da Virgem Maria, em quem Frederico tinha absoluta confiança!

Sexto dia

O DESENVOLVIMENTO
DA SOCIEDADE
SÃO VICENTE DE PAULO

É começando humildemente que se pode chegar a fazer grandes coisas, como Jesus Cristo que, descendo à manjedoura, eleva-se à glória do Tabor (FLO).

E ste pequeno resumo é tirado de um discurso que Frederico pronunciou, em 1853, diante da Sociedade de São Vicente de Paulo em Florença. Aí ele fala dos primeiros anos da fundação da Sociedade, sua evolução e sua extensão no mundo. Após o período doloroso que experimentou na adolescência, Frederico superou suas dúvidas. Seguro, empenha-se no desenvolvimento da fé. Tem o zelo dos convertidos e quer compartilhar sua felicidade.

Porque, pelas forças de sua razão, minha alma reencontrou este catolicismo que já outrora me foi ensinado pela boca de uma excelente mãe (FLO).

Diz a seus amigos e os convida a acompanhá-lo.

Não sentis, como eu, o desejo, necessidade de ter, fora dessa conferência militante, uma outra reunião, composta exclusivamente de amigos cristãos, totalmente consagrada à caridade? Não vos parece que já é tempo de somar a ação à palavra e de confirmar por obras a vitalidade de nossa fé? (FOR 1).

Sérias discussões aconteceram, em Paris, entre estudantes cristãos e aqueles que lhes demandavam que tornassem sua fé crível.

Tendes razão ao falar do passado. O cristianismo já fez prodígios antigamente; hoje, porém, o cristianismo está morto. Com efeito, vós que vos gabais de ser católicos, que fazeis? Onde estão as obras que demonstram vossa fé e que podem fazer que seja acolhida e respeitada? (FLO).

Suas propostas são um estímulo. Em resposta, alguns amigos reúnem-se em torno de Frederico.

Que nossos atos sejam de acordo com nossa fé. Mas, o que fazer? O que fazer para ser verdadeiramente católicos, senão o que mais é do agrado de Deus? Socorramos nosso próximo, como o fazia Jesus Cristo, e coloquemos nossa fé sob a proteção da caridade (FLO).

Ele deixa amadurecer sua intenção. Suas primeiras reflexões repousam sobre uma orientação concreta: a fé e sua aplicação na ação, e na ação para os pobres. Não nos advertiu o Senhor: "Por que me chamais Senhor e não fazeis o que eu digo" (Lc 6,46). Frederico e um pequeno grupo criam então, para ir ajudar aos mais fracos, uma Conferência de caridade. Esse termo vinha da expressão conferência de história, que reunia vários estudantes sob a orientação de Emmanuel Bailly, que havia organizado círculos de estudos. Discutia-se muito, revolucionava-se o mundo (um grande número deles estudavam Direito). Adota-se então o termo com adaptação, pondo a tônica na caridade. O crescimento rápido dessa primeira equipe mostra à porfia que o Senhor está entre eles e que ele está sempre conosco. A oração tinha seu lugar nessa primeira reunião e a protege hoje ainda em cada reunião: prece de louvor pelas graças recebidas, de súplica pelas famílias que acompanhamos, de adoração ao Deus que nos guia e que sentimos no meio de nós, como nos prometeu: "Lá onde dois ou três se reunirem em meu nome, eu estou no meio deles" (Mt 18,20). Mas é indispensável que a prece seja completada pelo apoio material, afetivo e efetivo, atendendo a este adágio: nem prece sem ação, nem ação sem prece.

Nesse começo do século XIX, em que as mídias (exceto a imprensa e os cartazes) não existiam, os transportes públicos se limitavam à diligência, a rapidez da expansão da Sociedade São Vicente de Paulo é extraordinária e indicam uma ajuda sobrenatural. Aqueles jovens engajados em uma ação de proximidade mostram o caminho seguido depois por outros. Foi grande a alegria quando uma outra Conferência foi criada, em Nîmes, em outubro de 1834.

> Deus e os pobres vos abençoarão; nós, que vós superastes, seremos orgulhosos e felizes de contar com tais irmãos. O voto que fizemos, portanto, cumpriu-se: vós sois o primeiro eco que respondeu a nossa fraca voz; outros surgirão, talvez; então o maior mérito de nossa pequena sociedade parisiense será de ter dado a ideia de formar parcerias. Basta um fio para começar um tecido (CUR 1).

Essa alegria que compartilha renova-se muitas vezes. Apesar de inúmeras dificuldades, ele será sempre otimista em relação ao futuro de sua "querida pequena sociedade" e será um militante ativo para o desenvolvimento de Conferências na França e na Europa. Irá se rejubilar com a fundação de grupos em países distantes, como a Palestina, os Estados Unidos, ou no México, que demonstram a ação viva de Frederico. Quando ele pode, sentir-se-á no dever de criar Conferências, e de visitá-las.

> Eu encontro em Bayonne uma Conferência São Vicente de Paulo muito florescente, bem penetrada de nosso primeiro espírito, infatigável para as boas obras (LAL 2).

Ele viaja muito. Em Londres, durante a exposição universal de 1851, com um confrade de Londres, visita "alguns desses redutos, e fiquei sabendo que faltava aos ingleses muita virtude e coragem para socorrer pessoalmente aqueles míseros sofredores. Nossos confrades fazem muito bem e é com alegria que passei uma tarde no meio deles" (COZ 2).

O mesmo acontece na Espanha, na Bélgica, na Alemanha e, bem entendido, na Itália, aonde voltou várias vezes. No fim de sua vida, aconteceu de criar várias Conferências na Itália e particularmente na Toscana.

> A Itália moderna não constrói mais catedrais; mas pelo menos ali germinam Conferên-

cias de São Vicente de Paulo. Tive o consolo de passar algumas horas com nossos confrades de Gênes (FRA).

No meio das dificuldades atuais, prosseguimos nossa tarefa. Ela é muito diversificada, para responder às novas pobrezas de nosso tempo: solidões (porque são múltiplas), moradia, emprego, família separada.... Guardamos sempre, porém, nossos objetivos iniciais: a visita às famílias no lugar onde vivem (alojamento, rua, viela, hospital, presídio, casa de repouso...) e a oração, que é para nós um nutriente indispensável. É preciso avançar. Não pensemos que isso era melhor do que antes. Frederico já queixava da inconsequência e da timidez das pessoas de bem, nas colunas da *l'Ère nouvelle*, jornal que ele havia fundado depois da revolução de 1848 com o padre Lacordaire e o abade Maret.

Guardemos firmemente o curso; confiemos na Providência e estejamos certos de que "Deus fez sua a nossa obra e quis espalhar por toda a terra enchendo-a com suas bênçãos" (FLO). São muitos os exemplos da presença eficaz do Senhor em cada uma das milhares de Conferências da França e de 45.000 nos 145 países onde a Sociedade está ativa.

Sétimo dia

UM APOSTOLADO
A SERVIÇO DOS POBRES

Se não sabemos amar a Deus como os santos o amavam, sem dúvida é porque não vemos Deus com os olhos da fé; e nossa fé é tão fraca! Mas os homens, os pobres, nós os vemos com os olhos carnais. Eles estão lá: podemos colocar o dedo e a mão em suas feridas, e os sinais da coroa de espinhos são visíveis em sua fronte. Aqui a incredulidade não tem mais lugar possível. Deveríamos cair a seus pés e dizer-lhes como o apóstolo: sois nossos mestres, somos vossos servidores. Sois a imagem visível do Deus que nós não vemos, mas que acreditamos amar vos amando (JAN 1).

Ainda muito jovem, Frederico teve o ardente desejo de se mobilizar para colocar o cristianismo em primeiro lugar. Terá sempre uma alma de militante. Desde janeiro de 1831 (ainda não tem dezoito anos) escreve a dois amigos:

Bom seria se alguns amigos viessem se agrupar a mim! Juntaríamos nossos esforços, criaríamos uma obra conjunta, outros se juntariam a nós, e talvez um dia a sociedade inteira se reuniria sob essa sombra protetora: o catolicismo, cheio de juventude e força, se elevaria de repente sobre o mundo (FOR 1).

Sua ambição primeira é fazer campanha, por suas qualidades intelectuais, para um novo nascimento do cristianismo, de mostrar "a religião glorificada pela história", segundo expressão de Jean-Jacques Ampère: "A perpetuidade, o catolicismo de ideias religiosas, a verdade, a excelência, a beleza do cristianismo" (AMP). Ele ainda não sonha fundar uma obra caritativa. Os preparativos para sua obra literária e histórica lhe serão muito úteis quando, desde 1832, ele se engaja num apostolado intelectual, na Sorbonne, onde seus amigos e ele contestam as ideias racionalistas de alguns professores.

O que é mais útil nessa obra é mostrar à juventude estudantil que se pode ser católico e ter o senso comum, que se pode amar a religião e a liberdade; enfim, é tirar a juventude da indiferença religiosa e habituar-se a graves e sérias discussões (FAL 1).

Numa carta de março de 1833 a Ernest Falconnet, Frederico define sua visão sobre a ação a empreender:

> Somos uma dezena, unidos mais estreitamente ainda pelos laços do espírito e do coração, amigos devotados que não têm nada de segredo, que abrem sua alma para dizer alternativamente suas alegrias, suas esperanças, suas tristezas (FAL 1).

Pouco tempo depois, eles se reuniriam para fundar uma primeira Conferência de caridade.

> Ficou convencionado desde o primeiro dia que se visitariam os pobres em suas casas e que se pediria às irmãs da Caridade para indicar as famílias mais necessitadas. A sessão se abriria e se encerraria com a oração e se faria cada vez uma coleta. Cada membro ficou logo com uma família, à qual se levavam doações (pão ou carne) comprados da irmã Rosalie; a Conferência não era bastante rica para ter recurso próprio (FLO).

Os membros das Conferências, 178 anos mais tarde, em todo o mundo, aplicam sempre esses mesmos princípios:
– visita às famílias que nos são endereçadas, seja pelos serviços sociais, seja pelas paróquias, seja pelos vizinhos, seja por pessoas que a Conferência já ajudou.

– exercícios de espiritualidade: no interior da Conferência pelo momento da prece, muitas vezes acompanhado por um conselheiro espiritual (padre, religioso, leigo) e fora da Conferência: missas na intenção das famílias visitadas e dos confrades, recolhimentos, retiros...

A missão primeira dos vicentinos é o acompanhamento amigo pela visita regular ou pelo acolhimento nos locais adaptados abertos sob a responsabilidade dos membros, todos voluntários, da Conferência (ou do conselho departamental). Uma de nossas características é: uma associação de voluntários, que é ajudada, quando for necessário, por "assalariados indispensáveis", sendo isso verdade essencialmente em nível de sede nacional e nos Abrigos. Mas o conjunto de nossas 134 ações listadas e realizadas durante o ano é por homens e mulheres que doam seu tempo, sua energia para sustentar e promover os mais carentes.

Nós insistimos sobre um voluntariado que seja verdadeiramente um engajamento duradouro e não um pequeno serviço prestado de quando em quando. Nossa ação se desenvolve em todos os dias do ano, e não somente em momentos especiais, Natal por exemplo, mesmo se os pobres tenham necessidade de uma presença calorosa nesse momento em que a solidão, a pobreza são mais sofríveis. Nós também temos necessidade de apoio, necessidade imperativa de novos membros engajados e competentes porque a tarefa é árdua, delicada, que vem depois de nossas ocupações profissionais ou familiares. É indo ao encontro da pessoa doente, cansada, sozinha, que realizamos o desígnio de Deus. Mesmo gravemente enfermo, Frederico continua visitando famílias no quarteirão Mouffetar de Paris.

> Quantas vezes, abatido pelo sofrimento interior, angustiado por minha saúde mal restabelecida, entrei cheio de tristeza na morada do pobre confiado a meus cuidados; e lá, vendo tantos infortunados com mais queixas do que eu, censurei meu desencorajamento; eu me senti mais forte contra a dor e agradeci àquele infeliz que me tinha consolado e fortalecido pelo aspectos de seus próprios sofrimentos, e como, pois, não deveria amá-lo? (FAL 1).

Para Frederico, é essencial poder contar com o grupo que apoia e com o Senhor para não se desmoralizar: "Guardemo-nos do desânimo; isso é a morte da alma" (LAL 1), como dizia habitualmente. Ele nos pede para pôr nossa confiança nas mãos do Senhor, seguir sua vontade, compreendendo bem que é Ele o artesão divino.

> Servos totalmente inúteis que somos, não
> nos é permitido ser servidores ociosos (LAL 1).

Eu rezo muitas vezes (não sou o único entre os vicentinos) a parábola do bom samaritano: um homem atacado por ladrões, largado como morto à beira da estrada, socorrido por um viajante. Jesus não receia colocar um estrangeiro para vir em socorro daquele homem ferido. E qual estrangeiro? Um samaritano, casta odiada pelos judeus. Poderíamos facilmente transpor para nossa época. Frederico "traduz" esta história pedindo aos homens para aliviar a miséria dos diversos feridos pela vida (derramando azeite nas feridas), mas também para combater a miséria engajando-se em ações para que ela desapareça.

> Que a caridade faça o que a justiça, sozinha, não saberia fazer (LAL 1).

Sempre afirmamos nossa predileção pela palavra caridade, que outros trocam por solidariedade. Esse termo caridade não é tomado, aqui, no sentido de assistencialismo, mas no sentido intenso de amor pelas pessoas (nosso próximo). A Sociedade São Vicente de Paulo anuncia e reivindica: "A caridade é sempre jovem".

Oitavo dia

A DIFICULDADE
DE LUTAR JUNTO

Não é possível deixar-se iludir, a Sociedade encontrou deficiências em toda a parte. Se, em Lyon, ela não incorreu em censura da autoridade eclesiástica, se mesmo alguns veneráveis sacerdotes a encorajaram, ela não parou de ser objeto de atitudes vexatórias de muitos leigos: figurões da ortodoxia; padres conciliares com vestes talares, calças até os pés... Não saberíeis acreditar em mesquinharias, em baixarias, em argúcias, miudezas, insultos que aquela gente, com a melhor boa-fé do mundo, usou contra nós. Os mais salientes se entranharam na multidão, e nós tivemos de sofrer muito, mesmo por causa daqueles que nos amavam (LAL 1).

Esse escrito testemunha diferentes ataques aos quais a Sociedade de São Vicente de Paulo teve de enfrentar desde sua fundação, em 1833. Divergências internas, muitas vezes, quase levaram à ruptura. Mas Frederico está atento e sua sabedoria restabelece sempre a unidade. A primeira Conferência de caridade conheceu tempos agitados. O ambiente era tão caloroso que parecia difícil alargar o grupo para novos membros. Levou tempo para aceitar. Atualmente, muitas vezes também é assim. Quantas vezes não ouvimos esta reflexão nas associações: "Somos suficientemente numerosos; esperemos para fazer uma prospectiva"; quando uma associação conta com membros ativos, mais poderá desenvolver suas atividades no quadro de sua missão. É difícil a um grupo abrir-se, permitir que outros se integrem. Em numerosas cidades criam-se "fóruns das associações", experiência bem-sucedida que permite às pessoas em busca de engajamento encontrar uma opção que corresponda a suas competências e aspirações.

O desenvolvimento rápido da primeira Conferência de caridade resultou, inevitavelmente, mas dolorosamente, na cisão em vários grupos, que mantiveram a denominação que surpreende às vezes até hoje. Quem já dirigiu um grupo sabe que com mais de cem participantes é difícil conduzir uma reunião. No 31 de dezembro de 1834 (nessa época a gente fazia reuniões na tarde da São Silvestre!), a gente chegou a lutas acirradas.

Essa famosa sessão do último dia de dezembro de 1834 em que discutimos a divisão, em que Lê Taillandier chorava, La Perrière e eu, nós nos defrontamos de um modo difícil, em que acabamos num abraço mais amigável que nunca, desejando bom ano novo do dia seguinte (LAL 1).

E relemos a exortação de São Paulo na Primeira Carta aos Coríntios: "Eu vos exorto colocar-vos em acordo. Que não haja divisões entre vós. Vivei em bom entendimento... Fui informado que há divisões entre vós" (1Cor 1,10-11). Contudo, apesar dos clamores e dos choros, apesar das explosões e das tristezas, sabemos que devemos poder reconciliar-nos, mesmo e sobretudo quando o objetivo é comum, a saber, a defesa dos necessitados. A verdadeira amizade permite essas divergências e essas animosidades; permite sobretudo reuniões ainda mais verdadeiras e mais produtivas.

Do exterior, as disputas que atingem grupos que trabalham em uma mesma causa, sobretudo quando são cristãos, às vezes escandalizam. Não sejamos angélicos. Homens e mulheres viveram e vivem em uma sociedade desgastada. Gostaríamos de evitá-lo, mas as considerações pessoais, políticas, econômicas culturais, religiosas levam a incompreensões e tensões. Não foi a separação das

Igrejas a maior falha, o maior pecado que fizemos contra Deus? E a cada ano, nós tentamos nos reaproximar dos cristãos divididos na semana pela unidade dos cristãos. Mas como o caminho é longo e como é árdua a caminhada! É o que fazia Frederico dizer:

> Há cristãos em todos os campos. Deus nos dispersa pelas bandeiras inimigas para que não haja, nessa sociedade dividida, um único partido, uma única facção, em que algumas bocas não invocam nem bendizem a Deus salvador (TOM 2).

Frederico está bem consciente dessa enorme dificuldade que nos afasta da fé e do amor de Cristo. Até ele está sujeito a numerosos ataques.

> Os perigos reais que poderemos correr em Lyon, e os imaginários que talvez nos façam preocupar mais; as deficiências e os rancores "lamentosos" de uns, o ardor um pouco clerical de outros. Meu sistema médio desagradando a todos e suscitando todos os dias recriminações contrárias, sem ao menos me permitir de me dar demissão; meus temores por conseguinte, e contudo minhas esperanças (LAL 1).

Não será o lote daquelas e daqueles que recusam a imobilidade, a rotina, daquelas e daqueles que acham que a ação é necessária, vital, mesmo suprimindo a reflexão, que estão contra? A equipe de vicentinos que, em Lille, criou o Abrigo Frederico Ozanam, experimentou inúmeros "insultos, mesquinharias...", oposição vinda de suas próprias fileiras que achavam que nós construíamos suntuosamente. Por que a beleza seria reservada a algumas categorias sociais? Afirmamos sempre que não é porque o pobre é pobre, que seria necessário lhe propor (não posso empregar o termo "oferecer") locais miseráveis, ou insalubres. Todo o ser tem sua dignidade, que devemos respeitar. Os católicos foram muitas vezes acusados de ter tendência para o triste. Ser acolhido em um lugar arejado e caloroso é já uma etapa para um bem-estar, para uma autovalorização.

Frederico, por mais humilde que sempre tenha sido, pôde também revoltar-se contra atitudes bem distantes da fé que ele professava. Devia estar mesmo bastante irritado quando disse:

> Esses doutores que pronunciam entre a leitura do jornal e as discussões do contra, entre a azeitona e o queijo, gente para quem as boas novas são sempre malvindas, puritanos provincianos para quem tudo que vem de Paris é presumidamente perverso, doutrinadores irredutíveis, cuja opinião pública constitui o déci-

mo terceiro artigo do credo, açambarcadores de todas as obras das quais querem o monopólio (LAL 1).

Ele saberá mostrar-se severo também contra seus confrades quando, tendo um pastor, numa estância térmica, deixado uma doação para os pobres, um membro da Conferência queria que se ajudasse prioritariamente os indigentes católicos. Frederico toma a palavra irritado. Declara firme e violentamente:

> Senhores, se essa advertência não consegue prevalecer, se não foi bem entendido que nós servimos os pobres sem distinção de culto, vou devolver aos protestantes suas esmolas e lhes direi: "Tomai de volta; nós não fomos dignos de vossa confiança" (PER).

Nono dia

QUESTÕES DE SOCIEDADE

A questão que divide os homens de nossos dias não é uma questão de formas políticas, é uma questão social; é saber quem terá espírito de egoísmo ou espírito de sacrifício; é saber se a sociedade não é mais do que uma grande exploração em proveito dos mais fortes ou uma dedicação de um para o bem de todos e sobretudo para a proteção dos mais fracos. Há muitos homens que têm muito e querem ter mais ainda; há muitos outros que não têm o bastante, que não têm nada e que querem tomar se não lhes dão. Entre essas duas classes de homens, uma luta se prepara; uma luta que ameaça ser terrível: de um lado o poder do ouro, de outro o poder do desespero (JAN 1).

Em 1850, em plena industrialização do país, a repartição das riquezas não é igualitária, longe disso. O mundo operário está em grande sofrimento. A duração do tempo de trabalho é perto de 5.000 horas por ano (1645 horas em 2011) e empregam-se menores, desde a idade de oito anos. Foi o que levou Victor Hugo a escrever em 1856, sem seu poema *Melancolia*

> Eles vão, da madrugada até a tarde, fazer eternamente na mesma prisão o mesmo movimento.
> Parecem dizer a Deus: "Pequenos como nós somos, nosso Pai, vede o que nos fazem os homens!"

Frederico é muito rapidamente interpelado por essa situação, que ele evoca em inúmeras cartas que troca com seus amigos das Conferências. Desde 1836, ele pedia aos cristãos para tomarem consciência desse terrível problema.

> Entre essas duas alas inimigas, é preciso nos adiantar, se não para impedir, ao menos para amortizar o choque. Nossa idade de jovens, nossa condição modesta tornam para nós mais fácil o papel de mediadores que nosso título de cristão tornaria obrigatório para nós (JAN 1).

As ilegalidades são ainda hoje escandalosas. Não podemos permanecer insensíveis às misérias que nos rodeiam, e as iniciativas conduzidas pelas diferentes Conferências vão nesse sentido. Frederico tinha em mente, essencialmente, as provações da pobreza financeira. Elas existem ainda em nossos dias, certo, mas não são as únicas (pobreza cultural, relacional, psicológica...). Uma pesquisa interna à Sociedade de São Vicente de Paulo destacou as ações desenvolvidas pelos vicentinos para apoiar, ajudar aquelas e aqueles que sofrem em sua vida: mais de 130 chamaram nossa atenção e, sem dúvida, isso não representa a totalidade. Em nossas Conferências da França e nos cinco continentes, mulheres e homens tentam reduzir a pobreza: abrigos de dia e de noite, lojas solidárias, auxílio nos deveres de casa, envio de famílias inteiras em férias, visitas nos hospitais e nas prisões, acompanhamento dos pacientes e de suas famílias na doença de Alzheimer, restaurantes sociais... respondendo assim ao apelo do Senhor, retransmitido por Frederico:

> A mesma autoridade que anuncia que haverá sempre pobres entre vós, é a mesma que vos ordena a fazer tudo para que ela não exista (EN).

Desde 2003, a Sociedade de São Vicente de Paulo está ligada ao problema angustiante da solidão, que é uma das pobrezas de nosso tempo e que atinge particularmente as pessoas idosas. Uma pesquisa, realizada a pedido da SOFRES, com o apoio da *la Croix*, mostrou que aquelas que mais sofrem disso são as mulheres de trinta e cinco a quarenta anos atingidas pela ausência de companheiro, sozinha com os filhos, vítimas do desemprego e de condições precárias do emprego... Mas não nos esqueçamos daquelas e daqueles, inúmeros, que experimentam a solidão em sua vida de cada dia: crianças que voltam sozinhas da escola para uma casa vazia. Agricultores solteiros (é nessa faixa da população que há mais suicídios), sacerdotes isolados, artistas abandonados pelo público, pessoas idosas sem outra expectativa, a não ser um pouco de amor, viúvas ou viúvos que não convidamos mais à mesa com os outros casais, receando causar-lhes pena, enquanto que, sem dúvida, elas e eles ficariam felizes com isso (será que antes não seríamos nós envergonhados?), jovens sem referência e sem futuro... Por todas as suas ações de acompanhamento pequenas, discretas, pouco divulgadas, dificilmente "divulgáveis" em outro lugar, os vicentinos tentam vir em ajuda a todas essas solidões, procurando a justiça, colocando um pouco de amor e de caridade.

> A ordem da sociedade repousa sobre duas virtudes: justiça e caridade. Mas a justiça já supõe muito amor, porque é preciso amar muito o homem para respeitar seu direito, que limita nosso direito, e sua liberdade, que incomoda nossa liberdade. No entanto a justiça tem limites. A caridade não tem (CIV).

Frederico é um modelo eminente para aquelas e aqueles que desejam seguir seus passos, porque esse amor aos pobres, ele o tem num grau raramente atingido. Ele se põe a seu serviço, por um lado, pelo conhecimento intelectual, literário, jurídico, mas sobretudo pela ação concreta.

> A ciência das reformas satisfatórias se aprende menos nos livros e nas tribunas das assembleias, que colocando piso na casa do pobre, assentando-se a sua cabeceira, que sofrendo o mesmo frio que ele, que arrebatando numa efusão de uma conversa amiga o segredo de um coração desolado. Quando estudamos assim o pobre, junto dele, na escola, no hospital, na oficina, nas cidades, nos campos, em todas as condições onde Deus o colocou, então começamos a conhecer os elementos desse tremendo problema da miséria; então temos o direito de propor medidas sérias (CEN).

Toda a sua vida, Frederico se vê um mediador: ele quer reunir a ciência e a religião, a riqueza e a pobreza, o crente e o não crente, aquele que tem muito e aquele que não tem nada. Ele era realmente esse intelectual a serviço dos necessitados, das famílias aflitas; esse apóstolo brilhante, como diz dom Baunard, "de um mesmo desejo de pregar a verdade e de salvar as almas" (BA). Frederico teve até o fim da vida esse desejo de levantar a pobreza e de nos encorajar em nossa responsabilidade de cristãos engajados numa missão caritativa. Em uma de suas últimas cartas (datada de 19 de julho de 1853, próximo de sua morte em oito de setembro), escreveu a um sacerdote, professor de jovens toscanos, em vias de fundar uma Conferência:

> Logo, vossos melhores jovens, divididos em pequenos grupos de três, de quatro, acompanhados de um mestre, vão subir a escada do mais necessitado; vós os vereis voltar ao mesmo tempo tristes e felizes, tristes pelo mal que terão visto, felizes pelo pouco de bem que irão fazer (PEN 2).

Décimo dia

A JUVENTUDE

> Deus se serve muitas vezes de instrumentos frágeis e fracos para executar grandes coisas. É preciso ser chamado a uma missão providencial, e então os talentos e os defeitos desaparecem para dar lugar à inspiração que guia (COL1).

João Paulo II, em sua homilia, quando da beatificação de Frederico em 1997, cita-o como exemplo a "todos esses jovens reunidos, tão numerosos em Paris", na Jornada Mundial da Juventude. "Ele mesmo sentiu-se chamado a amar, dando exemplo de um grande amor a Deus e aos homens" (BEAT). Um excerto de uma carta ao R. P. Pendela, ensinando jovens da burguesia toscana, resume exatamente como se aproximar da miséria.

> Há uma coisa que não lhe foi ensinada, uma coisa que eles só conhecem de nome e que é preciso ter visto os outros sofrerem para aprender a sofrer quando ela chegar mais cedo ou mais tarde. Essa coisa é a dor, a privação, a necessidade... É preciso que esses jovens senhores saibam o que é a fome, a sede, a pobreza de um celeiro. É preciso que eles vejam os miseráveis, crianças enfermas, crianças chorando. É preciso que eles vejam e que eles os amem (PEN 2).

Não é pela teoria que abordamos essa realidade; é pelo contato concreto, regular. Isso exige tempo, abnegação, compaixão, amor. É preciso realmente ver para se aproximar um pouco da pobreza. Muitas vezes nós mostramos, jovens e menos jovens, uma grande ignorância, mesmo uma grande desconfiança dessas pessoas que conhecem provações: os sem casa fixa, o jovem expulso por sua própria família, a pessoa idosa em grande solidão, a mãe com os filhos, abandonada... A fundação da primeira Conferência de caridade colocou em prática esses princípios. Aquela jovem equipe de estudantes na Sorbonne, todos vindos de província, tinha uma alta noção de amizade que se encarna na ação.

> O laço mais forte, o princípio de uma amizade verdadeira, é a caridade; e a caridade não pode existir dentro do coração de muitos sem se expandir para fora. É um fogo que se ex-

tingue por falta de alimento, e o alimento da caridade, que são as boas obras (CURI).

Encontramos aqui o lema francês da Sociedade de São Vicente de Paulo: "Amar, partilhar, servir". Esses jovens descobrem a miséria de uma Paris de ruas estreitas, sem esgotos nem calçadas. Eles poderiam ter ignorado esses quarteirões lotados e sujos onde sobreviviam famílias amontoadas em casebres insalubres. Eles poderiam ter fechado os olhos, passado sem ver. Ao contrário, sob o conselho da irmã Rosalie (filha da Caridade, superiora do convento, rua Mouffetard), eles se aproximam desses indigentes para servi-los e amá-los. Quebraram corajosamente os obstáculos e tentaram aliviar as misérias que encontraram. Mais tarde, deixando Paris, terminando seus estudos, eles farão o mesmo em suas cidades de origem. Muitas vezes Frederico voltará a esse tema.

> Queria que todos os jovens com a cabeça e o coração se unissem para qualquer obra caritativa e que se formasse por todo o país uma vasta associação generosa para o lenimento das classes populares (FAL 1).

Estimulando a criação desses grupos de jovens, ele quer fazer crescer sua fé, ancorada numa ação generosa.

> Ficaremos inertes no meio do mundo que sofre e geme? (FAL 1).

A obra de Frederico prossegue. Há Conferências de jovens no meio escolar. Há Jovens profissionais que assumem responsabilidades na associação. Mas eles são muito poucos ainda. Sem dúvida seria necessário dar-lhes mais espaço em nossas diferentes instâncias, ir a seu encontro, porque é difícil entrar num grupo que é muito rotativo. Os problemas: estudos, trabalho, mobilidade, vida de família (muitas mulheres trabalham), não favorecem engajamentos militantes duradouros. Talvez haja também um pouco de desconfiança entre adultos e jovens, uma falta de comunicação. Vivemos numa época do *zapping*. É preciso mover, mudar, flutuar. Queixamo-nos muitas vezes que os jovens não se engajam mais. Conclusão fácil e lapidar, mas negada pelos exemplos de cooperação nos países em desenvolvimento ou pelas ações de vizinhança: ajuda nos deveres de casa, serviço de refeição, alfabetização, reflexão sobre a oração, visita às famílias... mesmo uma hora dedicada regularmente a uma ação precisa é importante.

Frederico amava a companhia dos jovens, durante os estudos, nas saídas com os amigos, quando ensinava na Sorbonne. Eles o reconheciam, acompanhando-o muitas vezes até sua casa num cortejo de afeição e respeito. Um deles escreveu um dia: "Antes de ouvi-lo eu não cria. O que não conseguiu fazer um belo número de sermões você fez de uma só vez: você me fez cristão" (BA). Ele não tinha vergonha de proclamar sua fé em Deus, o que muitos admiravam. Nós temos, muitas vezes, dificuldades em afirmar nossa fé, por timidez, por medo de proselitismo. Somos muito tíbios.

Frederico sempre teve plena confiança na juventude, da qual fica sempre próximo (e até morreu com quarenta anos). Seus sentimentos se juntam muitas vezes com os de seus estudantes e dos amigos mais jovens que ele. Pode-se imaginar Frederico austero, taciturno, visto em seus severos retratos. É verdade que foi inseguro toda a sua vida, às vezes depressivo, mas ele tinha momentos de grande felicidade, resumidos por um de seus estudantes: "Este sábio tinha o sorriso tão franco, tão natural, a brincadeira tão agradável, tão vivamente fina, que era um encanto surpreendê-lo nessas doces brincadeiras. A gente o provocava. Muitas vezes, resistia. Às vezes, cedia. Quanta juventude nesse espírito! Que candura na brincadeira e quanta fineza na descontração" (CHO). Ele amava retomar essa frase de São Francisco de Sales: "Um santo triste é um triste santo!"

Frederico termina sua carta ao padre Pendola por essa frase que irá encorajar os pais inquietos vendo seus filhos longe da religião:

> Não é preciso crer jamais na morte de uma alma cristã jovem. Não está morta. Ela dorme (PEN 2).

Belo otimismo, que se verifica muitas vezes quando vemos esse ou aquele jovem, que estava afastado da fé, voltar para Deus com entusiasmo e fervor. Para conduzir a bom termo seu grande projeto de reconquista da fé católica pelos jovens cristãos, Frederico foi parte primordial na criação das conferências de quaresma em Notre-Dame de Paris, desde 1835.

> O grande evento dos jovens católicos e não católicos neste ano foi em Notre-Dame. Você já ouviu sem dúvida falar das conferências do abade Lacordaire. Ele fez oito no meio de um auditório de perto de seis mil homens, sem contar as mulheres (VEIL 1).

Esses encontros dominicais de quaresma existem sempre e são um encontro de reflexão para inúmeros cristãos, que vêm buscar aí uma renovação para a vitalidade de sua fé. Frederico ficaria feliz em saber que centenas de milhares de ouvintes ficam acompanhando pela retransmissão através das ondas.

Décimo primeiro dia

SOMOS COMO OS OPERÁRIOS DOS GOBELINS

Nós mesmos fazemos nosso destino neste mundo, sem conhecê-lo ainda, mais ou menos como os operários dos Gobelins trabalham em suas tapeçarias. Seguindo docilmente o desenho de um artista desconhecido, eles se põem a aplicar na parte de trás da armação os fios de diferentes cores indicados por ele, mas sem ver o resultado dado por seu trabalho. Somente depois, quando o trabalho está terminado, que eles podem admirar aquelas flores, quadros, personagens, as maravilhas de arte saídas de suas mãos para ir fazer o encanto da morada dos reis. Assim, meus amigos, trabalhemos nesta terra, dóceis e submissos à vontade de Deus, sem ver o que ele faz por nós. Mas ele o vê, ele o artista divino. E, quando nossa tarefa estiver terminada, ele fará aparecer a obra de toda a nossa vida de labutas e de sofrimentos; ficaremos em êxtase e o bendiremos por se dignar oferecer nossas frágeis obras para colocá-las em suas moradas eternas (GOB).

Esse belo texto é tirado de um discurso pronunciado por Frederico diante de jovens operários. Exprime um abandono absoluto na confiança em Deus. Todos os atos de nossa vida, em diferentes setores, no seio do casal, da família, do trabalho, das associações em que militamos, em particular na Sociedade São Vicente de Paulo, participam da construção do mundo. Mesmo se estivesse muitas vezes inseguro em si mesmo, Frederico sempre tinha confiança na Providência. Não estamos longe do "Não tenhais medo" de João Paulo II. Não tenhamos medo do amanhã. Ajamos levando nossos esforços lá onde o Senhor nos envia. Ele nos deu múltiplos talentos e nos pede para aplicá-los no meio deste mundo, cada dia de nossa vida. Não nos escondamos atrás de uma falsa modéstia ("eu não sou capaz") para recusar uma responsabilidade, um engajamento, mesmo forte, na cidade, no trabalho, no voluntariado...

Não renunciemos jamais, apesar das armadilhas de toda espécie que possam advir do exterior (o que é lógico e compreensível) como também do interior, o que faz muito mais mal e arrisca nos fazer abaixar os braços. Quantos cristãos já não resistiram a ataques vindos de companheiros que, usando os termos de Frederico, "com a melhor fé do mundo", lançam, sem se dar conta disso, propostas que desestabilizam, ofendem, esmagam, e sempre (sim, repito) "com a melhor fé do mundo". As provações que nos afetam não são enviadas pelo Senhor; ao contrário, sua ajuda permite superá-las. Isso não evitará as falhas, as angústias, mas a oração, a vontade de se submeter à vontade do Senhor nos ajudarão a vencer os obstáculos, a recuperar a coragem depois de duros golpes não esperados, sofríveis, e a se fazer forte diante da adversidade para melhor combater: "Felizes sereis vós, quando os outros vos insultarem e perseguirem e disserem contra vós toda espécie de calúnias por causa de mim" (Mt 5,11). Pede-se de nós que nos apliquemos, que cumpramos nosso ofício com a maior seriedade possível (o que não impede nem a alegria nem o humor). É necessário saber o passo seguinte do caminho, o fim da história?

Para que serve conhecer o destino senão para cumprir? Para que serve ver o caminho, senão para caminhar? Ora, para o viajante ver dez passos à sua frente no caminho não é tanto quanto ter todo o resto em perspectiva?

Sem nos preocupar com o futuro, como os pássaros dos campos:

> Pobre gente que somos, nós não sabemos se amanhã estaremos vivos, e nós ainda quereríamos saber o que faremos daqui a vinte anos! (FAL 1).

Isso não exclui a preparação séria para um empreendimento. O Senhor não nos pede para arremessar, com a cabeça baixa, contra o obstáculo! Não iríamos resistir. Até nos aconselhou a assentar para refletir lucidamente antes de tomar uma decisão importante, decisão pessoal ou de equipe. Devemos agir de modo a cumprir o melhor possível "nossa vida de labutas e penas", como o escreveu Frederico. Não nos é pedido fazer coisas espetaculares, que saiam do ordinário, mas simplesmente viver com as qualidades que o Senhor nos confiou e que nos pede devolver.

> Supondo que o operário saiba a cada hora do dia a tarefa que lhe será imposta para a hora seguinte, não atingirá também seguramente o termo da obra se tivesse sob seus olhos o plano do arquiteto? (FAL 1).

As citações que precedem mostram bem que essa questão angustiava Frederico. Muitas vezes somos tímidos e envergonhados, faltamos com a confiança na Providência. Deixemos agir o Senhor em nós, sem nos atormentar, sem procurar vãs desculpas para não nos engajar, para ignorar a ajuda pedida por um vizinho, um amigo, um membro da Conferência. Trabalhemos com fervor e humildade, tateando, às vezes, esperando que nossas ações entrem no projeto de Deus. Como os operários dos Gobelins, muitas vezes nós não vemos aonde vamos, mas estamos preparados para servir para que venha o Reino. Coloquemo-nos sob sua proteção e aceitemos sua vontade. Não resistamos aos apelos do Senhor e coloquemos toda a nossa energia a servi-lo no pobre que nós visitamos, em todas as ocasiões, sem seu local de vida, ou que nós encontramos no Abrigos e hospedagens.

Discípulos de Frederico Ozanam na Sociedade São Vicente de Paulo, nós somos convidados pelo Senhor a olhar a sorte do pobre em aflição, a agir na fraternidade e na caridade, não numa atitude de assistencialismo, mas o ajudando a resgatar sua dignidade e seu gosto de viver. É nossa obrigação não nos debruçar sobre o passado.

> A caridade não deve jamais olhar para trás dela, mas sempre para a frente, porque o número de seus benefícios passados é sempre muito pequeno e que as misérias presentes e futuras que ela deve aliviar são infinitas (CUR 1).

A espiritualidade de Frederico não é uma espiritualidade desencarnada, unicamente voltada para a oração, a meditação, a adoração. Ela é também voltada para a ação, uma ação de todos os dias, que descobre a face do

Senhor através do olhar do outro, em suas preocupações, suas dificuldades, suas dores, suas alegrias para compartilhá-las, solidarizar, celebrar.

> A caridade é uma terna mãe que tem os olhos fixos sobre o filho que traz no colo, que não sonha mais com ela mesma e que esquece sua beleza para seu amor (CUR 1).

Décimo segundo dia

NÓS VOS DAMOS NOSSA VIDA

Senhores, acusamos o nosso século de ser um século de egoísmo; dizemos serem os professores atingidos por uma epidemia geral. Contudo, é aqui que gastamos nossa saúde. É aqui que nós usamos nossas forças. Não me queixo. Nossa vida, minha vida vos pertence. Nós vo-la devemos até o último suspiro e vós a tereis. Quanto a mim, senhores, se morro, será a vosso serviço (LAC).

Frederico tinha vocação para ensinar. Sua fidelidade à universidade oficial não o impediu de permanecer solidário àqueles que defendiam a causa da liberdade de ensino. Alegra-se com a abertura de uma universidade católica em Lovaina, na Bélgica. Jamais terá medo de proclamar sua fé, mesmo nas mais altas instâncias. E todos lhe serão gratos, cristãos como ateus.

Eu jamais trabalhei para louvar os homens, mas unicamente para o serviço da verdade (BA).

Seus estudos terminaram com diplomas universitários notáveis (doutorados em direito e em letras, agregação em letras), Frederico postula por obter uma cadeira em Lyon. Em 1839, é nomeado professor de direito comercial. O ministro decidiu a criação desse posto depois de inúmeros adiamentos, essencialmente por razões financeiras. Isso o libera do palácio da justiça e dessa profissão de advogado que no fundo ele não ama: *"Eu não me aclimato bem na atmosfera da rabulice"* (LAL 1). Seu pai desejava que ele se tornasse "um magistrado, íntegro e esclarecido". À sua morte, em 12 de maio de 1837, Frederico se sente liberado desse compromisso moral. O cargo de professor lhe oferece mais que as raras argumentações pronunciadas durante seus poucos meses nas audiências de Lyon.

Essa nomeação é uma das últimas alegrias oferecidas à sua mãe que, minada pela saúde muito frágil e inúmeras gestações, se desligou em 14 de outubro de 1839. Ela não ouvirá, portanto, seu filho pronunciar sua primeira lição, 16 de dezembro de 1839, diante de mais de duzentos e cinquenta pessoas (estudantes e ouvintes livres). Ele ministra 47 cursos em 1839 e 1840. No decorrer de sua octogésima lição, ele anuncia alguns temas que o acompanharão toda a sua vida: suas ideias sobre o proletariado, sobre o lugar de operário.

> Há exploração quando o mestre considera o operário não como um auxiliar, mas como um instrumento de quem precisa tirar o máximo serviço possível pelo menor preço que se possa. A exploração do homem pelo homem é uma escravização (DRO).

Estamos em 1840, oito anos antes do célebre manifesto de Marx, alguns anos somente após as revoltas dos tecelões (1831 e 1834). Os espíritos estavam ainda quentes e faltava um pouco de coragem a um jovem de 26 anos para ter linguagem semelhante. Para ele, o operário tem um dever: é o trabalho. Ele tem um direito: o salário, preço de seu trabalho. Ele anuncia que há no operário três elementos: a vontade, a educação, a força. Ele terá no salário três partes: os valores da existência (o necessário); a educação dos filhos (o juro e a amortização); a aposentadoria para a força vital que um dia esmorece, "sem o que o operário venderia sua vida, ele não a alugaria mais: iria colocar essa força no fundo perdido" (DRO). Tudo isso para nós é coisa adquirida. Não era, e longe disso, há 170 anos. Essas ideias estão na origem dos elementos da doutrina social da Igreja. Mas a *Rerum novarum* só virá em 1891.

Em 1840, recebido na agregação de letras, Frederico é nomeado professor suplente de Claude Fauriel, personagem reconhecido da Sorbonne. Com a morte brutal deste, em 1844, Frederico conhece, como frequentemente em nossos dias, a precariedade do emprego, não sabendo se, na qualidade de suplente, passaria a ser o titular. Como sempre, porém, ele confia em Deus.

> Todos podem me ajudar com suas preces. De resto, o que peço a Deus é que ele mesmo assuma a condução dessa delicada negociação, de modo que eu não sacrifico nem meus deveres de estado por imprudência, nem minha honra de cristão por pusilanimidade. Além de tudo, poderia ser útil à minha saúde se eu não conseguir ser bem-sucedido nisso (FOI 2).

Sua nomeação chega depois de quatro meses de espera, de ansiedade e de diálogos. Após a inquietude manifestada a vários amigos, ele experimenta uma grande alegria, mas escreve:

> É quase humilhante ficar emocionado com uma vantagem temporal; mas, no primeiro momento, esse final posto a tantos temores e solicitudes, essa segurança iniciante, esse sentimento de paz nos atingiram, Amélia e eu, mais do que ouso dizer (JJA 2).

Igualmente, o que nos torna Frederico próximo é que ele também é sensível aos títulos honoríficos, muito ambicionados e desejados para o sucesso de sua carreira profissional, não importa qual. Ele não irá desprezar as homenagens e dará os mesmos passos que daríamos para obter. Irá ensinar durante 12 anos na Sorbonne, titular da cadeira de literatura estrangeira. Seus cursos serão populares: "Nenhum curso, talvez, foi tão fielmente seguido que o do jovem professor... Sua eloquência é grande e bonita: é a eloquência do coração" (BIS).

Frederico conduz sua carreira de professor como um sacerdócio, seja no colégio Stanislas, onde ensinou alguns anos, ou na Sorbonne. Ele prepara seus cursos com uma consciência comprovada: "Preparações laboriosas, pesquisas obstinadas nos textos, ciência acumulada com grandes esforços, e depois a brilhante improvisação, palavra cativante e colorida, tal era o ensinamento de Ozanam. É raro juntar no mesmo patamar os dois méritos do professor, o conteúdo e a forma, o saber e a eloquência. Ele preparava suas lições como um beneditino e as pronunciava como um orador" (DEB).

Ele não aprecia a atitude de alguns estudantes sectários que ficam esperando só para contestar as ideias dos professores e perturbar os cursos. Frederico é decidido a fazer todos os seus esforços para que não se separasse sua causa com a de M. Lenormant, cujas ideias compartilhava. Até mesmo decidiu assistir a suas aulas de tanto que elas eram turbadas... Frederico, não podendo conter sua indignação, apostrofou os perturbadores e os lembrou a liberdade que exerciam, conjurando a respeitar a consciência dos outros. Temos, ou teríamos, a mesma coragem de defender aqueles que são atacados? Ele ama de paixão essa Sorbonne. Alguns meses de sua morte, ele rememora:

> Ah! Pobre Sorbonne! Quantas vezes eu volto em espírito a suas negras paredes, nesse pátio frio, mas estudioso, nessas salas esfumaçadas, mas que vi repletas de uma tão feliz juventude. Caro amigo, após as consolações infinitas que um católico encontra ao pé dos altares, depois das alegrias da Família, eu não conheço felicidade maior do que falar a jovens que têm inteligência e coração (BEM 2).

Décimo terceiro dia

BEM-AVENTURADO
FREDERICO

Ó Nossa Senhora, Deus recompensou a humildade de sua serva! E, em contrapartida a essa pobre casa de Nazaré, onde abrigaste vosso filho, que ricas mansões ele lhe deu" (COZ).

A Igreja quis honrar, como Maria foi por Deus, seu fiel e humilde servidor, o que João Paulo II nos faz beatificando Frederico: "Ele acreditou no amor, o amor que Deus tem por cada homem... Ele ia a todos os que tinham mais necessidade de que os outros de ser amados, aqueles aos quais Deus Amor não poderia ser efetivamente revelado senão pelo amor de uma outra pessoa (BEAT). Por que juntar esses dois textos, uma afirmação de João Paulo II no dia da beatificação de Frederico em 1997, e aquelas linhas de Frederico quando de sua peregrinação a Burgos? Penso que eles caminham bem juntos.

Sim, em "roupa de serviço" (Lc 12,35), Frederico ia para os pobres, modestamente, simplesmente. Ele os amava, não com uma atitude paternalista de assistencialismo, mas de verdade, respeitando as pessoas em aflição que eram confiadas a seus cuidados e que ele visitava, mesmo doente. Era como filho de Deus que ele lhes anunciava o Criador: e também por Maria, a serva do Senhor, por quem Deus fez maravilhas. A piedade e o amor dos homens o levaram aos mais belos santuários do mundo, queridos e construídos por humildes servidores e pelos maiores artistas.

A espiritualidade de Frederico é nitidamente marcada pelo culto marial. A Virgem Maria sempre teve um lugar privilegiado na vida de Frederico. Desde sua mais tenra idade, ele conheceu a "Ave-Maria". Aprendido nos joelhos de sua mãe e de seu coração, ele reza regularmente o rosário, empreende muitas vezes as caminhadas para a Notre-Dame de Fourvière, cuja expansão ocorrerão na segunda metade do século. Desde a fundação da Sociedade de São Vicente de Paulo, ao mesmo tempo em que se colocava sob a proteção de São Vicente de Paulo, Frederico trabalhou para que a Virgem Maria seja a protetora e que a Mãe de Deus seja celebrada. Reservamos, em particular, o dia da festa da Imaculada Conceição, 8 de dezembro. Em suas viagens, tanto para seus trabalhos universitários como para se tratar, ele visita os lugares importantes do cristianismo: catedrais e igrejas dedicadas à Virgem. Em suas cartas ele faz uma descrição que sublinha, não somente seu grande conhecimento das arquiteturas romana e gótica, mas também e sobretudo a necessidade do aprofundamento de sua fé.

> Ó Nossa Senhora de Burgos, que sois também Nossa Senhora de Pisa e de Milão, Nossa Senhora de Colônia e de Paris, De Amiens e de Chartres, rainha de todas as grandes cidades católicas. Sim, verdadeiramente, vós sois bela e graciosa (*pulchra es et decora*), pois que um pensamento apenas vosso fez descer a graça e a beleza nessas obras dos homens... Não é obra de gigantes, é obra de anjos, tanto que é arejada, graciosa e atualizada (CID).

Durante essa última grande viagem para o sudeste da França, Frederico cumpriu em família

> a peregrinação de Bétharram, santuário frequentado desde o século XV. A pieda-

> de popular honra nesse lugar a Virgem do
> Ramo de ouro... Eu me apeguei com todas
> as forças de minha alma ao ramo liberta-
> dor, àquela que nós chamamos a consola-
> dora dos aflitos e refúgio dos pecadores
> (MAR 2).

Essa igreja ainda é muito visitada, porque próxima ao santuário mariano de Lourdes, onde Frederico teria certamente ficado se tivesse vivido ainda alguns anos. Aí ele foi como peregrino, peregrino doente (como o bem-aventurado João Paulo II em 2004), como milhões de pessoas de nossos dias, talvez na esperança de uma cura corporal, mas sobretudo de um conforto espiritual, sob o olhar amoroso de Maria. Ele teria pedido, como nós, a intercessão da Virgem de Massabielle, e teria podido amenizar sua miséria interior, fortalecido sua busca contínua de uma fé sempre mais aprofundada. Suas visitas às igrejas são também ocasião de despertar "a pequena Maria" para a fé.

> Esta manhã, em minha caminhada, eu vi
> uma bonita igreja como as tão belas que te
> fiz ver na viagem. Havia ali uma grande San-
> ta Virgem com o menino Jesus nos braços
> (AME).

Sua vida foi colocada sob a proteção da Virgem Maria, de Milão a Marselha, passando por Lyon, Florence, Paris, Chartres... Sienne.

> Como na cidade da Santa Virgem não veríamos acontecer uma obra que não tivesse a Santa Virgem por primeira patrona? (PEN 2).

Ele sempre escreveu, falou e agiu testemunhando a fé católica. Podemos dizer que ele foi o testemunho das Bem-aventuranças e que ele as pôs em prática. Foi um verdadeiro apóstolo que "consagra sua vida ao serviço das mais nobres causas: a verdade e a caridade" (POU).

Voltando à Itália, em 2 de setembro de 1853, ele vai para o meio dos seus perto do velho porto de Marseille, em 8 de setembro, na festa da Natividade da Virgem, sem ter podido chegar a Paris como desejava. "Ele nasceu para o céu no mesmo dia em havia nascido na terra essa Virgem que ele havia tão ternamente amado e tão poeticamente celebrado" (POU). Piscar de olhos da Providência: no domingo seguinte, 11 de setembro, poríamos a primeira pedra da Notre-Dame de Garde, tão querida ao coração dos marselheses. Como lembraria João Paulo II na beatificação de Frederico: "Eu vos encorajo a colocar em comum vossas forças para que, como desejava aquele que vos inspira, os pobres sejam sempre mais amados e servidos e que Jesus Cristo seja honrado em suas pessoas" (BEAT). "Na escolha que eles farão, tua santidade, Frederico, será particularmente confirmada. E grande será tua alegria, tu que já contemplas com teus próprios olhos. Aquele que é amor seja também um guia nos caminhos que esses jovens escolherão, seguindo hoje teu exemplo" (BEAT).

Frederico praticava também a meditação, que permite interiorizar nossa fé no Senhor, escutar sua palavra e ser disponível o mais totalmente possível. Assim, ele respondia ao primeiro mandamento: "Tu amarás o Senhor, teu Deus". Essa disponibilidade conduz à abertura para o próximo para responder ao segundo mandamento: "Tu amarás teu próximo como a ti mesmo". Não esqueçamos o aspecto exterior, a vida para os outros, a ajuda aos outros, o engajamento, indispensável para nossa vida cristã. Frederico temia que o aspecto intelectual das coisas fizesse esquecer o essencial.

Não falemos tanto de caridade. Façamos a caridade e visitemos os pobres (GAU).

"Senhor, concede-nos seguir a seu exemplo teu mandamento de amor para ser um fermento de amor no mundo onde vivemos" (oração litúrgica da festa do bem-aventurado Frederico Ozanan, em 9 de setembro).

Décimo quarto dia

A PROVIDÊNCIA

Eis como a Providência faz para manter a atividade do espírito humano. Quando o inverno começa, parece que toda a vegetação vai morrer. O vento varre flores e folhas, mas fica alguma coisa desapercebida, seca e poeirenta: são as sementes, e toda a vida vegetal ali está contida. A Providência cuida. Algumas têm como que asas para voar no ar, a tempestade as leva, as águas as carregam, até que elas tenham encontrado a terra e o raio de sol que lhe é necessário para reflorescer. Assim, quando vierem os séculos bárbaros, as más estações da humanidade, veremos murchar todas essas flores da poesia e da eloquência; parece que toda a vegetação do pensamento vai morrer. Ela se refugia contudo nessas questões que parecem pequenas, secas e áridas: a Providência cuida. Elas atravessam assim trezentos ou quatrocentos anos: a palavra as transporta nos países e nos tempos novos, até que elas tenham encontrado o lugar e o momento que lhe faltavam, que um homem de gênio as tome para cultivar, colocando-lhes seus suores e suas solicitudes e elas germinem enfim (CIV).

Providência: as definições, se conferidas nos dicionários, nunca faltam: vontade de Deus; suprema sabedoria pela qual Deus conduz tudo; divina Providência. É impressionante, quando lemos as 1.448 cartas publicadas de Frederico, o número de vezes em que essa palavra é citada. É preciso mencionar igualmente os prefácios de suas obras. Ele foi verdadeiramente guiado pela Providência, em quem depositou toda a sua confiança. Ele não hesita jamais em empregar esse termo, qualquer que seja seu interlocutor, católico ou não, membro da Sociedade São Vicente de Paulo ou não, amigo ou não. Ele força nossa admiração para o fato de que não tem nenhum receio em afirmar sua fé. Ele crê com toda a riqueza de seu coração, com toda a riqueza de seu espírito. Seus pais tinham sido, para ele, exemplos vivos de uma fé ativa ao serviço dos pobres; e ele descreve assim sua mãe:

> Ela era para mim como uma imagem viva da Santa Igreja, ela que parecia a mais perfeita expressão da Providência (REV 1).

Sigamos o exemplo de Frederico no anúncio de nossa fé. Nesse domínio, somos muitas vezes pusilânimes, indecisos. Supostamente para não chocar, preferimos silenciar nossa fé. Na realidade temos medo de afirmá-la, talvez porque estamos muito distantes dos textos sagrados que poderiam nos ser muito úteis em numerosas ocasiões. Para se culpar mais tarde. Somos muitas vezes como Pedro que desconhecemos, sentados perto da fogueira na passagem do sumo sacerdote, na Sexta-feira Santa, prontos para negar Nosso Senhor. E esquecemos das santas e dos santos que jamais tiveram medo de exprimir alto e forte sua adesão ao Senhor, mesmo ao preço da própria vida. Mas nós somos fracos: "Eu vou te ajudar, meu Deus, a não te extinguires em mim, mas eu não posso nada garantir em seguida", escrevia Etty Hillesum, jovem judia holandesa, com a mais alta espiritualidade, pouco tempo antes de ser deportada para Auschwitz.

Frederico nos passa uma instrução que basta aplicá-la do melhor modo possível, como ele mesmo o fez com grande exigência. É "simples" viver cristãmente e testemunhar o nome de Deus todos os momentos de nossa vida. *Se* seguirmos o conselho que Frederico nos dá, daremos um grande passo para a santidade. *Quando* seguirmos o conselho que Frederico nos dá, daremos um grande passo para a santidade.

> Um terno amor a Deus, uma ativa boa vontade para com os homens, uma consciência justa e inflexível para consigo mesmo, tais são os elementos de uma existência verdadeiramente cristã (AME).

Frederico trabalhou verdadeiramente sob a proteção da divina Providência em todos os setores de sua vida: advogado, universitário, escritor, jornalista, mas também em sua vida militante, engajada no serviço dos mais necessitados e, seguramente, em sua vida conjugal e familiar. Percebemos, em seus escritos, um homem simples, sensível, atencioso, humilde, que transmite para os homens toda a sua confiança em Deus. Frederico é exigente consigo mesmo; e igualmente conosco. Ele nos faz compreender de maneiras clara que só existe uma maneira de ganhar o Reino.

> Não estamos neste mundo senão para cumprir a vontade da Providência (FAL 1)

Devemos nos empenhar nisso com energia, viver o momento presente no amor, sabendo que Deus somente é o mestre de nosso futuro.

> É preciso pensar como se devêssemos deixar a terra amanhã e é preciso trabalhar como se não devêssemos deixá-la jamais (FAL 1).

Frederico volta muitas vezes a esse assunto de nosso futuro. Ele nos pede para não nos inquietar, para não procurar conhecer o futuro: isso tem pouca importância.

Sabermos o que Deus quer fazer de nós amanhã, não basta, e que necessidade temos nós de nos preocupar com o que nos pedirá em dez anos, já que daqui lá pode nos chamar ao repouso? (FAL 1)

Não podemos crer que ele teria duas categorias de indivíduos: aquelas e aqueles que se sacrificam e aquelas e aqueles que "fazem corpo mole". A frase seguinte é muito clara sobre isso:

Acreditais, acaso, que Deus tenha dado a alguns morrer ao serviço da civilização e da Igreja, a outros a tarefa de viver de mãos nos bolsos ou de se deitar sobre rosas? (CER).

Nossa vida deve ser ativa, engajada, sem nos atormentar muito, fazendo a vontade do Senhor, trabalhando com a Providência. Vamos assumir nossa parte da tarefa a cumprir, sabendo que o Senhor está conosco, que podemos confiar nele. Recordemos São Mateus: "Olhai as aves do céu: elas não semeiam, nem colhem, nem guardam, nem armazenam, e vosso Pai as alimenta. Não valeis muito mais que elas?" (Mt 6,26).

Frederico se deixa guiar o mais possível. Ele nos pede confiar na Providência, mas dizendo-nos que não é para ficar deitado "embaixo das cobertas", descuidados e preguiçosos. Providência não quer dizer inconsciência, ingenuidade extrema, muitas vezes até supersticiosa.

> Aquele que nos ensinou a procurar o pão nosso de cada dia nunca nos aconselhou a garantir dez anos de luxo (EN).

É um pouco tudo que Frederico quis nos dizer quando escreveu:

> Sempre esperei que Deus se encarregaria de fazer o trabalho, desde que o ajudássemos (COL 1).

Décimo quinto dia

A ORAÇÃO DE PISA

Não quereis, Senhor, contentar-vos com uma parte do sacrifício? Se eu vendesse a metade de meus livros para doar o preço aos pobres e se, limitando-me a cumprir os deveres do meu trabalho, eu consagrasse o resto de minha vida a visitar os indigentes, a instruir os aprendizes e os soldados, Senhor, ficaríeis satisfeito e me deixaríeis a doçura de permanecer perto de minha mulher e de cuidar da educação de minha filha? Talvez, Senhor, não aceitaríeis:

Vós não aceitais essas ofertas interessadas: vós rejeitais meus sacrifícios. É a mim que vós quereis. Está escrito no começo do Livro que devo fazer vossa vontade. E eu disse: "Eu venho, Senhor" (PIS).

Esse excerto de uma meditação muito edificante que Frederico redigiu em 23 de abril de 1853, dia de seu quadragésimo aniversário, deixa transparecer a profundidade e a exigência de sua fé. Naquele momento difícil em que nos encontraremos diante do

Senhor, qual será nossa atitude? Mesmo um homem santo como Frederico teve medo. Ele tenta "rolar". Está pronto para fazer concessões, a negociar com Deus desde que Ele o deixe em paz, que Ele concorde generosamente com a possibilidade de envelhecer com Amélia e de envelhecer com sua Maria. Sua vida não acabou, diz a Deus. Teremos o tempo para falar de tudo isso quando o declínio, a doença, a velhice se apresentarão, quando será concluída a obra da vida. Mas Frederico se dá conta que deve oferecer um sacrifício maior: não fazer sua vontade, mas a vontade dele; então se entrega por inteiro.

Essa passagem para o Pai é mais "fácil" para um cristão do que para um não cristão? Sem dúvida não. O medo de deixar uma vida a qual se tem, apesar de todas as dificuldades, de todos os problemas e todas as dores; o desejo de querer terminar sua obra na terra, suas ambições, sua carreira, sua esposa, seus filhos. E, contudo Frederico não diz:

> Nós não estamos nesta terra senão para cumprir a vontade da Providência; que essa vontade se cumpra dia por dia e que aquele que morre deixando sua tarefa inacabada está tão sujeito a se apresentar diante dos olhos da suprema justiça quanto aquele que teve a oportunidade de completá-la inteiramente (FAL 1).

Nós cristãos temos a graça que acompanha toda a nossa vida: a comunhão dos santos, que encontramos no Credo da Liturgia, na prece eucarística, nos textos do dia de Todos os santos, esses homens e essas mulheres que nos precederam no Reino, que oram a Deus por nós e que zelam por nós.

> Logo virá a hora em que nós iremos nos juntar ao nosso povo, esse grande povo que nos precedeu no sentido da fé e do amor (LAL 1).

Frederico viveu nesse sentimento muito forte da comunhão dos santos. Inúmeras são as cartas em que evoca essa osmose entre os viventes e os mortos.

> Três mulheres abençoadas me assistirão também: A Virgem Maria, minha mãe e minha irmã. Mas aquela que é para mim Beatriz [alusão à *A Divina Comédia* de Dante] me deixou na terra para me sustentar com um sorriso e um olhar, para me tirar de meus desencorajamentos e me mostrar, em sua mais tocante imagem, esse poder do amor cristão (LAL 1).

Quando ele escreve aos amigos que tinham perdido um ente querido, ele tem palavras saídas de um crente autêntico, de alguém que vive intensamente essa comunhão dos santos. E a evocamos desde o primeiro dia desse roteiro. Não é inútil reafirmar, ao fim deste décimo quinto dia com Frederico Ozanam. A presença daquelas e daqueles que nos precederam junto do Pai nos ajudam a superar as maiores dores.

> Quantas vezes esses três sobreviventes, em suas dores e perigos, não contaram com seus irmãos e suas irmãs que eles tinham entre os anjos? Ah! Eles lá são também da família. Eles se ligam a nós tanto com suas iluminações, quanto com socorros inesperados (CHA 2).

Na liturgia da missa, fazemos memória dos santos unindo-nos a eles, numa mesma prece, com aquelas e aqueles que pertencem já à glória do céu. E São Paulo abre nossa reflexão: "Todos nós fomos batizados em um só espírito para formar um só corpo" (1Cor 12,13).

Frederico, consciente de suas imperfeições, contudo, durante a sua vida, testemunhou sua fé, viva e serena: – junto aos seus colegas da Sorbonne: "Ambos somos servidores da mesma causa: somente eu tenho a vantagem de crê-la mais antiga e, consequentemente, mais sagrada" (HAV 2); – junto aos confrades da sociedade de São Vicente de Paulo: "Sejamos pacientes, porque nós somos imortais" (AIL 1); – junto a seus parentes: "Dando aos pais e às mães de família o poder de transmitir a vida, Deus os fez participantes de seu poder criador e providencial" (CIV). Durante os quarenta anos de sua vida, enquanto pôde, mesmo em momento de dúvida, ele permaneceu disponível a Deus e aos homens, seus irmãos.

Nossa condição de pecadores nos torna inquietos diante da morte, mas nós colocamos nossa esperança em Cristo. Jesus também teve medo da morte, quando ele a aceitou por obediência para redenção de nossos pecados. Sabemos que no terceiro dia ele ressuscitou. Nós cremos que, um dia, nós ressuscitaremos também em sua glória. Porque o Senhor, Todo-poderoso em amor para com o homem, não pode abandonar aquelas e aqueles que creram nele, que muitas vezes levaram sua vida com hesitação, com inquietude, mas também com audácia e confiança. Não é difícil para nós fazer nossa essa invocação de Frederico:

> Se repasso diante de vós meus anos com amargura, é por causa dos pecados que os contaminaram; mas quando eu considero as graças com que me haveis enriquecido, eu repasso meus anos diante de vós, Senhor, com reconhecimento (PIS).

A fé, é confiar no Outro, é entregar-lhe nossa existência para que ele a enriqueça e nos faça ser melhores. Mas é difícil aceitar a vontade de Deus, mesmo se queremos viver com Ele. É preciso ficar disponível para acolher o desígnio de Deus para nós. Precisamos de uma fé firme para seguir o exemplo de Frederico:

> Eu me esforço para me abandonar com amor à vontade de Deus e eu digo, infelizmente, mais de boca que de coração: *volo quod vis, volo quo modo vis, volo quandiu vis, volo quia vis* (FRA 2).

Mesmo Frederico opõe uma resistência à vontade de Deus. Ele a conheceu, como nós conhecemos sem dúvida, a dificuldade de querer o que Ele quer, de querer como Ele o quer, de querer quando Ele o quer, de querer porque Ele o quer. Preparemo-nos para que nosso espírito aceite de nos confiar ao Senhor dizendo-lhe confiante: "Que seja feita tua vontade".

ALGUMAS OBRAS

- Mirelle BEAUP, *Fréderic Ozanam: La sainteté d'un laïc*. Parole & Silence 2003.
- Mathieu, BRÉJON DE LAVERGNÉE, *La Société de Saint-Vincent-de-Paul au XIXe siècle*. Cerf 2008.
- Bernard CATTANEO, *Prier avec Frédéric Ozanam*. Saint-Paul 1999.
- Raphaëlle CHEVALIER-MONTARIOL, *Amélie et Frédéric Ozanam à la luimière de Vatican II*. Societé de Santin-Vincent-de-Paul 2009.
- Gérard CHOLVY, *Frédéric Ozanam*. Fayard 2003.
- Mgr Renaud DE DINECHIN, Charles MERCIER, Luc DUBRULLE, *L'Homme d'une promesse*. Desclée de Brouwer, 2010.
- Yvan GOBRY, *La Foi operante*. Téqui 1983.
- Frédéric OZANAM, *Le Livre des malades*. Société de Saint-Vincent-de-Paul 1856-2006.
- Marcel VINCENT, *Une jeunesse romantique*. Médiaspaul 1994.
- Université catholique de Lyon, *Frédéric Ozanam*, actes du colloque de 1998. Bayard 2001.

ÍNDICE

Prefácio 9

Frederico Ozanam 13

Abreviaturas 22

1. Diante das provações,
   o socorro da fé 25

2. Os anos do colégio e influência
   do abade Noirot 31

3. O amor de Amélia e Frederico 38

4. Eu sou pai! 44

5. Os amigos 50

6. O desenvolvimento da Sociedade
   de São Vicente de Paulo 55

7. Um apostolado ao serviço
   dos pobres 61

8. A dificuldade de lutar junto 67

9. Questões de sociedade 73

10. A juventude 79

11. Somos como os operários
dos Gobelins 85
12. Nós vos damos nossa vida 91
13. Bem-aventurado Frederico 97
14. A Providência 104
15. A oração de Pisa 110

Algumas obras 117

A marca FSC® é a garantia de que a madeira utilizada na fabricação do papel deste livro provém de florestas que foram gerenciadas de maneira ambientalmente correta, socialmente justa e economicamente viável.

Este livro foi composto com as famílias tipográficas Times New Roman e impresso em papel Offset 75g/m² pela **Gráfica Santuário.**